Poemas en prosa

Colección: Poesía

© de la edición y el epílogo: Andrew A. Anderson
© de esta edición: Cuatro lunas, 2025
Rúa de Pastor Díaz, n.º 1, 4.º B - 36001 Pontevedra
Tel.: 986 860 276
info@cuatrolunas.gal
www.editorialcuatrolunas.com
Cuatro lunas es un sello editorial de Kalandraka

Diseño de cubierta: Pablo Mestre
Impreso en Rodona, Pamplona
Primera edición: octubre 2025
ISBN: 978-84-127076-8-7
DL: PO 406-2025

POEMAS EN PROSA

Federico García Lorca

Epílogo de Andrew A. Anderson

cuatro lunas

SANTA LUCÍA Y SAN LÁZARO

A Sebastià Gasch

A las doce de la noche llegué a la ciudad. La escarcha bailaba sobre un pie. «Una muchacha puede ser morena, puede ser rubia, pero no debe ser ciega.» Esto decía el dueño del mesón a un hombre seccionado brutalmente por una faja. Los ojos de un mulo, que dormitaba en el umbral, me amenazaron como dos puños de azabache.

—Quiero la mejor habitación que tenga.

—Hay una.

—Pues vamos.

La habitación tenía un espejo. Yo, medio peine en el bolsillo. «Me gusta.» (Vi mi «Me gusta» en el espejo verde.) El posadero cerró la puerta. Entonces, vuelto de espaldas al helado campillo de azogue, exclamé otra vez: «Me gusta». Abajo, el mulo resoplaba. Quiero decir que abría el girasol de su boca.

No tuve más remedio que meterme en la cama. Y me acosté. Pero tomé la precaución de dejar abiertos los postigos, porque no hay nada más hermoso que ver una estrella sorprendida y fija dentro de un marco. Una. Las demás hay que olvidarlas.

Esta noche tengo un cielo irregular y caprichoso. Las estrellas se agrupan y extienden en los cristales, como las tarjetas y retratos en el esterillo japonés.

5

Cuando me dormía, el exquisito minué de las buenas noches se iba perdiendo en las calles.

* * *

Con el nuevo sol, volvía mi traje gris a la plata del aire humedecido. El día de primavera era como una mano desmayada sobre un cojín. En la calle, las gentes iban y venían. Pasaron los vendedores de frutas, y los que venden peces del mar.

Ni un pájaro.

Mientras sonaban mis anillos en los hierros del balcón busqué la ciudad en el mapa, y vi cómo permanecía dormida en el amarillo, entre ricas venillas de agua, ¡distante del mar!

En el patio, el posadero y su mujer cantaban un dúo de espino y violeta. Sus voces oscuras, como dos topos huidos, tropezaban con las paredes, sin encontrar la cuadrada salida del cielo.

Antes de salir a la calle para dar mi primer paseo, los fui a saludar.

—¿Por qué dijo usted anoche que una muchacha puede ser morena o rubia, pero no debe ser ciega?

El posadero y su mujer se miraron de una manera extraña.

Se miraron… equivocándose. Como el niño que se lleva a los ojos la cuchara llena de sopita. Después, rompieron a llorar.

Yo no supe qué decir y me fui apresuradamente.

En la puerta leí este letrero: *Posada de Santa Lucía*.

* * *

Santa Lucía fue una hermosa doncella de Siracusa.

La pintan con dos magníficos ojos de buey en una bandeja.

Sufrió martirio bajo el cónsul Pascasiano, que tenía los bigotes de plata y aullaba como un mastín.

Como todos los santos, planteó y resolvió teoremas deliciosos, ante los que rompen sus cristales los aparatos de Física.

Ella demostró en la plaza pública, ante el asombro del pueblo, que mil hombres y cincuenta pares de bueyes no pueden con la palomilla luminosa del Espíritu Santo. Su cuerpo, su cuerpazo, se puso de plomo comprimido. Nuestro Señor, seguramente, estaba sentado con cetro y corona sobre su cintura.

Santa Lucía fue una moza alta, de seno breve y cadera opulenta. Como todas las mujeres bravías, tuvo unos ojos demasiado grandes, hombrunos, con una desagradable luz oscura. Expiró en un lecho de llamas.

* * *

Era el cenit del mercado y la playa del día estaba llena de caracolas y tomates maduros. Ante la milagrosa fachada de la catedral, yo comprendía perfectamente cómo San Ramón Nonnato pudo atravesar el mar desde las Islas Baleares hasta Barcelona montado sobre su capa, y cómo el viejísimo Sol de la China se enfurece y salta como un gallo sobre las torres musicales hechas con carne de dragón.

Las gentes bebían cerveza en los bares y hacían cuentas de multiplicar en las oficinas, mientras los signos + y × de la Banca judía sostenían con la sagrada señal de la Cruz un combate oscuro, lleno por dentro de salitre y cirios apagados. La campana gorda de la catedral vertía sobre la urbe una lluvia de campanillas de cobre, que se clavaban en los tranvías entontecidos y en los nerviosos cuellos de los caballos. Había olvidado mi baedeker y mis gemelos de campaña y me puse a mirar la ciudad como se mira el mar desde la arena.

Todas las calles estaban llenas de tiendas de óptica. En las fachadas miraban grandes ojos de megaterio, ojos terribles, fuera de la órbita de almendra, que da intensidad a los humanos, pero que aspiraban a pasar inadvertida su monstruosidad, fingiendo parpadeos de Manueles, Eduarditos y Enriques. Gafas y vidrios ahumados buscaban la inmensa mano cortada de la guantería, poema en el aire, que suena, sangra y borbotea, como la cabeza del Bautista.

La alegría de la ciudad se acababa de ir, y era como el niño recién suspendido en los exámenes. Había sido alegre, coronada de trinos y margenada de juncos, hasta hacía pocas horas, en que la tristeza que afloja los cables de la electricidad y levanta las losas de los pórticos había invadido las calles con su rumor imperceptible de fondo de espejo. Me puse a llorar. Porque no hay nada más conmovedor que la tristeza nueva sobre las cosas regocijadas, todavía poco densa, para evitar que la alegría se transparente al fondo, llena de monedas con agujeros.

Tristeza recién llegada de los librillos de papel marca «El Paraguas», «El Automóvil» y «La Bicicleta»; tristeza del *Blanco y Negro* de 1910; tristeza de las puntillas bordadas en la enagua, y aguda tristeza de las grandes bocinas del fonógrafo.

Los aprendices de óptico limpiaban cristales de todos tamaños con gamuzas y papeles finos produciendo un rumor de serpiente que se arrastra.

En la catedral, se celebraba la solemne novena a los ojos humanos de Santa Lucía. Se glorificaba el exterior de las cosas, la belleza limpia y oreada de la piel, el encanto de las superficies delgadas, y se pedía auxilio contra las oscuras fisiologías del cuerpo, contra el fuego central y los embudos de la noche, levantando, bajo la cúpula sin pepitas, una lámina de cristal purísimo acribillada en todas direcciones por finos reflectores de oro. El mundo de la hierba se oponía al mundo del mineral. La uña, contra el corazón. Dios de contorno, transparencia y superficie. Con el miedo al latido, y el horror al chorro de sangre, se pedía la tranquilidad de las ágatas y la desnudez sin sombra de la medusa.

Cuando entré en la catedral se cantaba la lamentación de las seis mil dioptrías, que sonaba y resonaba en las tres bóvedas llenas de jarcias, olas y vaivenes como tres batallas de Lepanto. Los ojos de la Santa miraban en la bandeja con el dolor frío del animal a quien acaban de darle la puntilla.

Espacio y distancia. Vertical y horizontal. Relación entre tú y yo. ¡Ojos de Santa Lucía! Las venas de las plantas de los pies duermen tendidas en sus lechos rosados, tranquilizadas por las dos pequeñas estrellas que arriba las alumbran. Dejamos nuestros ojos en la superficie como las flores acuáticas, y nos agazapamos detrás de ellos mientras flota en un mundo oscuro nuestra palpitante fisiología.

Me arrodillé.

Los chantres disparaban escopetazos desde el coro.

Mientras tanto había llegado la noche. Noche cerrada y brutal, como la cabeza de una mula con anteojeras de cuero.

En una de las puertas de salida estaba colgado el esqueleto de un pez antiguo; en otra, el esqueleto de un serafín, mecidos suavemente por el aire ovalado de las ópticas, que llegaba fresquísimo de manzana y orilla.

Era necesario comer y pregunté por la posada.

—Se encuentra usted muy lejos de ella. No olvide que la catedral está cerca de la estación del ferrocarril, y esa posada se halla situada al Sur, más abajo del río.

—Tengo tiempo de sobra.

* * *

Cerca estaba la estación del ferrocarril.

Plaza ancha, representativa de la emoción coja que arrastra la luna menguante, se abría al fondo, dura como las tres de la madrugada.

Poco a poco los cristales de las ópticas se fueron ocultando en sus pequeños ataúdes de cuero y níquel, en el silencio que descubría la sutil relación de pez, astro y gafas.

El que ha visto sus gafas solas bajo el claro de luna, o abandonó sus impertinentes en la playa, ha comprendido, como yo, esta delicada armonía (pez, astro, gafas) que se entrechoca sobre un inmenso mantel blanco recién mojado de *champagne*.

Pude componer perfectamente hasta ocho naturalezas muertas con los ojos de Santa Lucía.

Ojos de Santa Lucía sobre las nubes, en primer término, con un aire del que se acaban de marchar los pájaros.

Ojos de Santa Lucía en el mar, en la esfera del reloj, a los lados del yunque, en el gran tronco recién cortado.

Se pueden relacionar con el desierto, con las grandes superficies intactas, con un pie de mármol, con un termómetro, con un buey.

No se pueden unir con la montaña, ni con la rueca, ni con el sapo, ni con las materias algodonosas. Ojos de Santa Lucía.

Lejos de todo latido y lejos de toda pesadumbre. Permanentes. Inactivos. Sin oscilación ninguna. Viendo cómo huyen todas las cosas envueltos en su difícil temperatura eterna. Merecedores de la bandeja que les da realidad, y levantados como los pechos de Venus, frente al monóculo lleno de ironía que usa el enemigo malo.

* * *

Eché a andar nuevamente, impulsado por mis suelas de goma.

Me coronaba un magnífico silencio, rodeado de pianos de cola por todas partes.

En la oscuridad, dibujado con bombillas eléctricas, se podía leer sin esfuerzo ninguno: *Estación de San Lázaro.*

* * *

San Lázaro nació palidísimo. Despedía olor de oveja mojada. Cuando le daban azotes, echaba terroncitos de azúcar por la boca. Percibía los menores ruidos. Una vez confesó a su madre que podía contar en la madrugada, por sus latidos, todos los corazones que había en la aldea.

Tuvo predilección por el silencio de otra órbita que arrastran los peces, y se agachaba lleno de terror, siempre que pasaba por un arco. Después de resucitar inventó el ataúd, el cirio, las luces de magnesio y las estaciones de ferrocarril. Cuando murió estaba duro y laminado como un pan de plata. Su alma iba detrás, desvirgada ya por el otro mundo, llena de fastidio, con un junco en la mano.

* * *

El tren correo había salido a las doce de la noche.

Yo tenía necesidad de partir en el expreso de las dos de la madrugada.

Entradas de cementerios y andenes.

El mismo aire, el mismo vacío, los mismos cristales rotos.

Se alejaban los raíles latiendo en su perspectiva de teorema, muertos y tendidos como el brazo de Cristo en la Cruz.

Caían de los techos en sombra, yertas manzanas de miedo.

En la sastrería vecina, las tijeras cortaban incesantemente piezas de hilo blanco.

Tela para cubrir desde el pecho agostado de la vieja, hasta la cuca del niño recién nacido.

Por el fondo llegaba otro viajero. Un solo viajero.

Vestía un traje blanco de verano con botones de nácar, y llevaba puesto un guardapolvo del mismo color. Bajo su jipi recién lavado, brillaban sus grandes ojos mortecinos entre su nariz afilada.

Su mano derecha era de duro yeso, y llevaba, colgado del brazo, un cesto de mimbre lleno de huevos de gallina.

No quise dirigirle la palabra.

Parecía preocupado y como esperando que lo llamasen. Se defendía de su aguda palidez con su barba de Oriente, barba que era el luto por su propio tránsito.

Un realísimo esquema mortal ponía en mi corbata iniciales de níquel.

Aquella noche, era la noche de fiesta en la cual toda España se agolpa en las barandillas, para observar un toro negro que mira al cielo melancólicamente y brama de cuatro en cuatro minutos.

El viajero estaba en el país que le convenía y en la noche a propósito para su afán de perspectivas, aguardando tan solo el toque del alba para huir en pos de las voces que necesariamente habían de sonar.

La noche española, noche de almagre y clavos de hierro, noche bárbara, con los pechos al aire, sorprendida por un telescopio único, agradaba al viajero enfriado. Gustaba su profundidad increíble donde fracasa la sonda, y se complacía en hundir sus pies en el lecho de cenizas y arena ardiente sobre la que descansaba.

El viajero andaba por el andén con una lógica de pez en el agua o de mosca en el aire; iba y venía, sin observar las largas paralelas tristes de los que esperan el tren.

Le tuve gran lástima, porque sabía que estaba pendiente de una voz, y estar pendiente de una voz es como estar sentado en la guillotina de la Revolución francesa.

Tiro en la espalda, telegrama imprevisto, sorpresa. Hasta que el lobo cae en la trampa, no tiene miedo. Se disfruta el silencio y se gusta el latido de las venas. Pero esperar una sorpresa, es convertir un instante, siempre fugaz, en un gran globo morado que permanece y llena toda la noche.

El ruido de un tren se acercaba confuso como una paliza.

Yo cogí mi maleta, mientras el hombre del traje blanco miraba en todas direcciones.

Al fin, una voz clara, estambre de un altavoz autoritario, clamó al fondo de la estación: «¡Lázaro! ¡Lázaro! ¡Lázaro!». Y el viajero echó a correr, dócil, lleno de unción, hasta perderse en los últimos faroles.

En el instante de oír la voz: «¡Lázaro! ¡Lázaro! ¡Lázaro!», se me llenó la boca de mermelada de higuera.

* * *

Hace unos momentos que estoy en casa.

Sin sorpresa he hallado mi maletín vacío. Solo unas gafas y un blanquísimo guardapolvo. Dos temas de viaje. Puros y aislados. Las gafas, sobre la mesa, llevaban al máximo su dibujo concreto y su fijeza extraplana. El guardapolvo se desmayaba en la silla en su siempre última actitud, con una lejanía poco humana ya, lejanía bajo cero de pez ahogado. Las gafas iban hacia un teorema geométrico de demostración exacta, y el guardapolvo se arrojaba a un mar lleno de naufragios y verdes resplandores súbitos. Gafas y guardapolvo. En la mesa y en la silla. Santa Lucía y San Lázaro.

NADADORA SUMERGIDA

Pequeño homenaje a un cronista de salones

Yo he amado a dos mujeres que no me querían, y sin embargo no quise degollar a mi perro favorito. ¿No os parece, condesa, mi actitud una de las más puras que se pueden adoptar?

Ahora sé lo que es despedirse para siempre. El abrazo diario tiene brisa de molusco.

Este último abrazo de mi amor fue tan perfecto, que la gente cerró los balcones con sigilo. No me haga usted hablar, condesa. Yo estoy enamorado de una mujer que tiene medio cuerpo en la nieve del norte. Una mujer amiga de los perros y fundamentalmente enemiga mía.

Nunca pude besarla a gusto. Se apagaba la luz, o ella se disolvía en el frasco de *whisky*. Yo entonces no era aficionado a la ginebra inglesa. Imagine usted, amiga mía, la calidad de mi dolor.

Una noche, el demonio puso horribles mis zapatos. Eran las tres de la madrugada. Yo tenía un bisturí atravesado en mi garganta y ella un largo pañuelo de seda. Miento. Era la cola de un caballo. La cola del invisible caballo que me había de arrastrar. Condesa: hace usted bien en apretarme la mano.

Empezamos a discutir. Yo me hice un arañazo en la frente y ella con gran destreza partió el cristal de su mejilla. Entonces nos abrazamos.

Ya sabe usted lo demás.

La orquesta lejana luchaba de manera dramática con las hormigas volantes.

Madame Barthou hacía irresistible la noche con sus enfermos diamantes del Cairo y el traje violeta de Olga Montcha acusaba, cada minuto más palpable, su amor por el muerto Zar.

Margarita Gross y la españolísima Lola Cabeza de Vaca, llevaban contadas más de mil olas sin ningún resultado.

En la costa francesa empezaban a cantar los asesinos de los marineros y los que roban la sal a los pescadores.

Condesa: aquel último abrazo tuvo tres tiempos y se desarrolló de manera admirable.

Desde entonces dejé la literatura vieja que yo había cultivado con gran éxito.

Es preciso romperlo todo para que los dogmas se purifiquen y las normas tengan nuevo temblor.

Es preciso que el elefante tenga ojos de perdiz y la perdiz pezuñas de unicornio.

Por un abrazo sé yo todas estas cosas y también por este gran amor que me desgarra el chaleco de seda.

¿No oye usted el vals americano? En Viena hay demasiados helados de turrón y demasiado intelectualismo. El vals americano es perfecto como una Escuela Naval. ¿Quiere usted que demos una vuelta por el baile?

* * *

A la mañana siguiente fue encontrada en la playa la Condesa de X con un tenedor de ajenjo clavado en la nuca. Su muerte debió ser instantánea. En la arena se encontró un papelito manchado de sangre que decía así: «Puesto que no te puedes convertir en paloma, bien muerta estás».

Los policías suben y bajan las dunas montados en bicicleta. Se asegura que la bella Condesa de X era muy aficionada a la natación, y que esta ha sido la causa de su muerte.

De todas maneras podemos afirmar que se ignora el nombre de su maravilloso asesino.

SUICIDIO EN ALEJANDRÍA

13 y 22

Cuando pusieron la cabeza cortada sobre la mesa del despacho, se rompieron todos los cristales de la ciudad. Será necesario calmar a esas rosas, dijo la anciana. Pasaba un automóvil y era un 13. Pasaba otro automóvil y era un 22. Pasaba una tienda y era un 13. Pasaba un kilómetro y era un 22. La situación se hizo insostenible. Había necesidad de romper para siempre.

12 y 21

Después de la terrible ceremonia, se subieron todos a la última hoja del espino, pero la hormiga era tan grande, tan grande, que se tuvo que quedar en el suelo con el martillo y el ojo enhebrado.

11 y 20

Luego se fueron en automóvil. Querían suicidarse para dar ejemplo y evitar que ninguna canoa se pudiera acercar a la orilla.

10 y 19

Rompían los tabiques y agitaban los pañuelos. ¡Genoveva! ¡Genoveva! ¡Genoveva! Era de noche, y se hacía precisa la dentadura y el látigo.

9 y 18

Se suicidaban sin remedio, es decir, nos suicidábamos. ¡Corazón mío! ¡Amor! La *Tour Eiffel* es hermosa y el sombrío Támesis también. Si vamos a casa de Lord Butown nos darán la cabeza de langosta y el pequeño círculo de humo. Pero nosotros no iremos nunca a casa de ese chileno.

8 y 17

Ya no tiene remedio. Bésame sin romperme la corbata. Bésame, bésame.

7 y 16

Yo, un niño, y tú, lo que quiera el mar. Reconozcamos que la mejilla derecha es un mundo sin normas y la astronomía, un pedacito de jabón.

6 y 15

Adiós. ¡Socorro! Amor, amor mío. Ya morimos juntos. ¡Ay! Terminad vosotros por caridad este poema.

5 y 14
4 y 13

Al llegar este momento vimos a los amantes abrazarse sobre las olas.

3 y 12
2 y 11
1 y 10

Un golpe de mar violentísimo barrió los muelles y cubiertas de los barcos. Solo se sentía una voz sorda entre los peces que clamaba.

9
8
7
6
5
4
3
2
1
0

Nunca olvidaremos los veraneantes de la playa de Alejandría, aquella emocionante escena de amor que arrancó lágrimas de todos los ojos.

AMANTES ASESINADOS POR UNA PERDIZ

Hommage à Guy de Maupassant

—Los dos lo han querido —me dijo su madre—. Los dos.

—No es posible, señora —dije yo—. Usted tiene demasiado temperamento, y a su edad ya se sabe por qué caen los alfileres del rocío.

—Calle usted, Luciano, calle usted…

—No, no, Luciano no. Para resistir este nombre, necesito contener el dolor de mis recuerdos. ¿Y usted cree que aquella pequeña dentadura y esa mano de niño que se han dejado olvidada dentro de la ola, me pueden consolar de esta tristeza?

—Los dos lo han querido —me dijo su prima—. Los dos.

Me puse a mirar el mar y lo comprendí todo.

¿Será posible que del pico de esa paloma cruelísima que tiene corazón de elefante salga la palidez lunar de aquel transatlántico que se aleja?

—Recuerdo que tuve que hacer varias veces uso de mi cuchara para defenderme de los lobos. Yo no tengo culpa ninguna; usted lo sabe. ¡Dios mío! Estoy llorando.

—Los dos lo han querido —dije yo—. Los dos. Una manzana será siempre un amante, pero un amante no podrá ser jamás una manzana.

—Por eso se han muerto. Por eso. Con veinte ríos y un solo invierno desgarrado.

* * *

—Fue muy sencillo. Se amaban por encima de todos los museos.
Mano derecha,
con mano izquierda.
Mano izquierda,
con mano derecha.
Pie derecho,
con pie derecho.
Pie izquierdo,
con nube.
Cabello,
con planta de pie.
Planta de pie,
con mejilla izquierda.
¡Oh mejilla izquierda! ¡Oh noroeste de barquitos y hormigas de mercurio!... Dame el pañuelo, Genoveva, voy a llorar... Voy a llorar hasta que de mis ojos salga una muchedumbre de siemprevivas...
Se acostaban.
No había otro espectáculo más tierno...
¿Me ha oído usted?
¡Se acostaban!
Muslo izquierdo,
con antebrazo izquierdo.
Ojos cerrados,
con uñas abiertas.
Cintura, con nuca,
y con playa.

Y las cuatro orejitas eran cuatro ángeles en la choza de la nieve. Se querían. Se amaban. A pesar de la Ley de la gravedad. La diferencia que existe entre una espina de rosa y una *Star* es sencillísima.

Cuando descubrieron esto, se fueron al campo.

Se amaban.

¡Dios mío! Se amaban ante los ojos de los químicos.

Espalda, con tierra,

tierra, con anís.

Luna, con hombro dormido.

Y las cinturas se entrecruzaban con un rumor de vidrios.

Yo vi temblar sus mejillas cuando los profesores de la Universidad les traían hiel y vinagre en una esponja diminuta. Muchas veces tenían que espantar a los perros que gemían por las yedras blanquísimas del lecho. Pero ellos se amaban.

Eran un hombre y una mujer,

o sea,

un hombre

y un pedacito de tierra,

un elefante

y un niño,

un niño y un junco.

Eran dos mancebos desmayados

y una pierna de níquel.

¡Eran los barqueros!

Sí.

Eran los terribles barqueros del Guadiana que machacan con sus remos todas las rosas del mundo.

El viejo marino escupió el tabaco de su boca y dio grandes voces para espantar a las gaviotas. Pero ya era demasiado tarde.

Cuando las mujeres enlutadas llegaron a la casa del Gobernador este comía tranquilamente almendras verdes y pescados fríos en un exquisito plato de oro. Era preferible no haber hablado con él.

En las islas Azores.

Casi no puedo llorar.

Yo puse dos telegramas, pero desgraciadamente ya era tarde. Muy tarde.

Solo sé deciros que dos niños que pasaban por la orilla del bosque, vieron una perdiz que echaba un hilito de sangre por el pico.

Esta es la causa, querido capitán, de mi extraña melancolía.

DEGOLLACIÓN DEL BAUTISTA

A Lluís Montanyà

Bautista	*¡Ay!*
Los negros	*¡Ay! ¡ay!*
Bautista	*¡Ay! ¡ay!*
Los negros	*¡Ay ay ay!*
Bautista	*¡Ay! ¡ay ay!*
Los negros	*¡Ay ay ay ay!*

Al fin vencieron los negros. Pero la gente tenía la convicción de que ganarían los rojos. La recién parida tenía un miedo terrible a la sangre, pero la sangre bailaba lentamente con un oso teñido de cinabrio bajo sus balcones. No era posible la existencia de los paños blancos, ni era posible el agua dulce en los valles. Se hacía intolerable la presencia de la luna, y se deseaba el toro abierto, el toro desgarrado con el hacha y las grandes moscas gozadoras.

El escalofrío de los planetas repercutía sobre las yemas de los dedos y en las familias se empezaba a odiar el llanto, el llanto de perdigones que apaga la danza y agrupa las migas de pan.

Las cintas habían destronado a las serpientes y el cuello de la mujer se hacía posible al humo y a la navaja barbera.

Bautista	*¡Ay ay ay ay!*
Los negros	*¡ay ay ay!*
Bautista	*¡ay ay ay!*
Los negros	*¡ay ay!*
Bautista	*¡ay ay!*
Los negros	*¡ay!*
Los rojos (apareciendo súbitamente)	*¡Ay ay ay ay!*

Ganaban los rojos. En cegadores triángulos de fuego. Era preciso algún beso al niño muerto de la cárcel para poder masticar aquella flor abandonada. Salomé tenía más de siete dentaduras postizas y una redoma de veneno. ¡A él, a él! Ya llegaban a la mazmorra.

Tendrá que luchar con la raposa y con la luna de las tabernas. Tendrá que luchar, tendrá que luchar, tendrá que luchar, tendrá que luchar.

¿Será posible que las palomas que habían quedado en silencio y las siemprevivas golpeen la puerta de manera tan furiosa? Hijo mío. Niño mío de ojos oblicuos, cierra esa puerta sin que nadie pueda sospechar de ti. ¡Ya vienen los hebreos! ¡Ya vienen! Bajo un cielo de paños recogidos y monedas falsas.

Me duelen las palmas de las manos a fuerza de sostener patitas de gorriones. Hijo. ¡Amor! Un hombre puede recorrer las colinas en busca de su pistola y un barbero puede y debe hacer cruces de sangre en los cuellos de sus clientes, pero nosotros no debemos asomarnos a la ventana.

Ganan los rojos. Te lo dije. Las tiendas han arrojado todas las chalinas a la sangre. Se asegura en la dirección de policía que el rubor ha subido un mil por mil.

Bautista	*Navaja*
Los rojos	*cuchillo cuchillo.*
Bautista	*Navaja navaja*
Los rojos	*cuchillo cuchillo cuchillo.*
Bautista	*Navaja navaja navaja*
Los rojos	*cuchillo cuchillo cuchillo cuchillo.*

Vencieron al fin en el último *goal*.

Bajo un cielo de plantas de pie. La degollación fue horripilante. Pero maravillosamente desarrollada. El cuchillo era prodigioso. Al fin y al cabo la carne es siempre panza de rana. Hay que ir contra la carne. Hay que levantar fábricas de cuchillos. Para que el horror mueva su bosque intravenoso. El especialista de la degollación es enemigo de las esmeraldas. Siempre te lo había dicho, hijo mío. No conoce el chiclet, pero conoce el cuello tiernísimo de la perdiz viva.

El Bautista estaba de rodillas. El degollador era un hombrecito minúsculo. Pero el cuchillo era un cuchillo. Un cuchillo chispeante, un cuchillo de chispas con los dientes apretados.

Primero hizo un profundo ojal en el sitio donde el cuello se desmaya para buscar el hombro. Por allí entró cortando toda la luna y puso lívida la parte superior de la frente. Esto fue lo genial, y lo que los profesionales aplaudieron; lo demás fue pura técnica, sin la menor línea inspirada.

El griterío del Stadium hizo que las vacas mugieran en todos los establos de Palestina. La cabeza del luchador celeste estaba en medio de la arena. Las jovencitas se teñían las mejillas de rojo y los jóvenes pintaban sus corbatas en el cañón estremecido de la yugular desgarrada.

La cabeza de Bautista	*¡Luz!*
Los rojos	*Filo.*
La cabeza de Bautista	*¡Luz! ¡luz!*
Los rojos	*Filo filo.*
La cabeza de Bautista	*Luz luz luz*
Los rojos	*Filo filo filo filo.*

DEGOLLACIÓN DE LOS INOCENTES

Tris tras. Zig zag, rig rag, milg malg. La piel era tan tierna que salía íntegra. Niños y nueces recién cuajados.

Los guerreros tenían raíces milenarias, y el cielo, cabelleras mecidas por el aliento de los anfibios. Era preciso cerrar las puertas. Pepito. Manolito. Enriquito. Eduardito. Jaimito. Emilito.

Cuando se vuelvan locas las madres querrán construir una fábrica de sombreros de pórfido, pero no podrán nunca con esta crueldad atenuar la ternura de sus pechos derramados.

Se arrollaban las alfombras. El aguijón de la abeja hacía posible el manejo de la espada.

Era necesario el crujir de huesos y el romper las presas de los ríos.

Una jofaina y basta. Pero una jofaina que no se asuste del chorro interminable, que ha de sonar durante tres días.

Subían a las torres y descendían hasta las caracolas. Una luz de clínica venció al fin a la luz untosa del hospital. Ya era posible operar con todas garantías. Yodoformo y violeta, algodón y plata de otro mundo. ¡Vayan entrando! Hay personas que se arrojan desde las torres a los patios y otras desesperadas que se clavan tachuelas en las rodillas. La luz de la mañana era cortante y el viento aceitoso hacía posible la herida menos esperada.

Jorgito. Alvarito. Guillermito. Leopoldito. Julito. Joseíto. Luisito. Inocentes. El acero necesita calores para crear las nebulosas y ¡vamos a la hoja incansable! Es mejor ser medusa y flotar que ser niño. ¡Alegrísima degollación! Función lógica de la sangre sin luz que sangra sus paredes.

Venían por las calles más alejadas. Cada perro llevaba un piececito en la boca. El pianista loco recogía uñas rosadas para construir un piano sin emoción y los rebaños balaban con los cuellos partidos.

Es necesario tener doscientos hijos y entregarlos a la degollación. Solamente de esta manera sería posible la autonomía del lirio silvestre.

¡Venid! ¡Venid! Aquí está mi hijo tiernísimo, mi hijo de cuello fácil. En el rellano de la escalera lo degollarás fácilmente.

Dicen que se está inventando la navaja eléctrica para reanimar la operación.

¿Os acordáis del ruiseñor con las dos patitas rotas? Estaba entre los insectos, creadores de los estremecimientos y las salivillas. Puntas de aguja. Y rayas de araña sobre las constelaciones. Da verdadera risa pensar en lo fría que está el agua. Agua fría por las arenas, cielos fríos y lomos de caimanes. Aquí en las calles corre lo más escondido, lo más gustoso, lo que tiñe los dientes y pone pálidas las uñas. Sangre. Con toda la fuerza de su g.

Si meditamos y somos llenos de piedad verdadera daremos la degollación como una de las grandes obras de misericordia. Misericordia de la sangre ciega que quiere, siguiendo la ley de su naturaleza, desembocar en el mar. No hubo siquiera una voz. El Jefe de los hebreos atravesó la plaza para calmar a la multitud.

A las seis de la tarde ya no quedaban más que seis niños por degollar. Los relojes de arena seguían sangrando pero ya estaban secas todas las heridas.

Toda la sangre estaba ya cristalizada cuando comenzaron a surgir los faroles. Nunca será en el mundo otra noche igual. Noche de vidrios y manecitas heladas.

Los senos se llenaban de leche inútil.

La leche maternal y la luna sostuvieron la batalla contra la sangre triunfadora. Pero la sangre ya se había adueñado de los mármoles y allí clavaba sus últimas raíces enloquecidas.

APÉNDICE

Nota del editor

En los textos que siguen, las palabras o las frases tachadas en el manuscrito aparecen entre corchetes y en *[cursiva];* cuando hay dos «niveles» de tachaduras, las primitivas aparecen entre corchetes dobles y en ***[[negrita cursiva]],*** y las posteriores entre corchetes y en *[cursiva].* Las palabras o partes de palabras tachadas que no se pueden descifrar se señalan como (ilegible).

COEUR AZUL. CORAZÓN BLEU

Tú estabas en Biarritz, a pesar de que los insectos no me habían dicho nada.

[Cuatro montes.] Amiga mía. *[No]* Entonces no había más que un perrillo recién nacido en el cielo y un*[a]* *[cabeza]* pie de lacre que se agitaba pendiente de un largo hilo de seda.

En la rosa de tinta estaba mi amor, *[pero]* aunque tú *[te] [creías]* creyeras que estaba en el Casino. *[Au grand Casino. (ja, ja)]*

No me importa que el príncipe de Gales tenga miradas de recambio ni que aquella bailarina javanesa, enemiga tuya, te persiga con las tijeras para que no oigas el mar.

[La lluvia cae a pesar del dolor de la pantera]

Si tú quieres puedes amar *[a los barcos enteros]* a las dotaciones de los barcos y enviarme fotografías de todos los dedos que han amasado tu cintura.

Yo quiero que te enamores de *[todos]* todos los hombres, de todos los músicos del jazz. No hay*[a]* nada más parecido a un saxofón que un abrazo bien dado. *[Son exactamente iguales que un grano de sal.]*

Amiga mía enjuta. Amiga mía *[gimnástica]* de ojos oblicuos, de espalda combada. Deja tu sistema de venas en un maniquí. Entrega a los perros *[de los]* marinos el *[encanto]* rojo de tus músculos. Da tu cintura a las ancas del potro y tus rodillas al [¿]tornero[?] de espuelas pero… ¡por Dios! ¡que no caiga la lluvia de Biarritz en tus labios! No, no, no hagas eso. *[Ten misericordia de mí. Si **[[lo haces]]** esto ocurre me enteraré y cuando vengas **[[para humillarte]]** para vengarme **[[te compraré un hotelito** [y] **amueblado y]]** te regalaré 300 pesetas. Amiga mía gimnástica, evítame este dolor.]* La lluvia de Biarritz es la única que no se parece al rocío y sería incorrecto por parte tuya. Si esto ocurriese, me vengaría con saña. ¿Lo oyes? Te regal[ar]ía trescientas pesetas *[. Óyelo bien.]* Con lágrimas en mi cuello. Trescientas. Amiga mía de sortija *[negra]* oscura y cinturón marcado. Evítame este nuevo dolor.

CORAZÓN BLEU Y COEUR AZUL

Yo: Cuando subo y bajo las escaleras no me acuerdo del ascensor. Del ascensor me acuerdo en el desierto o en la mesa del café. Para unir un término vulgar y lejano con la pequeña paloma que late entre mis dedos tengo necesidad de echar a volar mis cincuenta mil pares de ojos, mi colegio de violetas, por el aire mal temperado. Al fin y al cabo y por ellos, veo el hilo quebradizo que una a todas las cosas con cada cosa y a cada cosa con todas las demás.

Mi amigo: No te debes preocupar por las relaciones sino por las mismas cosas aisladas. Nada más antipoético que la relación lógica entre dos objetos de la clase que sean. Hay que romper las amarras *[en l]* de las rela[la]ciones visibles y las invisibles. Hay que dejar que los objetos y los conceptos vayan libremente por donde quieran, que luchen, que vuelen para que el mundo sea más divertido y pueda existir la verdadera poesía.

Los poetas tenéis un miedo horrible a perder la cabeza y un amor incomprensible a *[lo que se han convenido llamar]* la calidad lógica. Es absurdo que te conformes a que el zapato no sirva nada más que de zapato y la cuchara de cuchara. El zapato y la cuchara son dos formas de una extrema belleza y de una vida propia tan intensa como la tuya y sobre todo tienen una capacidad de <u>aventura</u> que tú no sospechas siquiera.

Poeta: ¡Ay vamos! Yo puedo convertir el zapato en un barquito o…

A[migo]: ¡No! ¡no! El zapato no es nada más que un zapato, sin inventarle nueva personalidad, zapato que puede ir con una aceituna o con una nariz, por el mar del Sur, en medio de una simple emoción de brisa.

P[oeta]: Perfectamente. Es un hecho poético más.

A[migo]: No. Poético no, real, realísimo, vivo [de]. Claro que poético, porque poético es todo, pero vivo, sin fantasía, como una hormiga, como un chorro de agua.
Los hechos poéticos se quedan encerrados en los libros y no transmeten [sic]. [Yo h]Hablo de lo que se ve con los ojos. Yo he visto un burro con cabeza de ruiseñor y una gran ola como tres leones de agua, detenida por el pavor que le causaba un granito de sal.

MEDITACIONES A LA MUERTE DE LA MADRE DE CHARLOT

[falta la primera hoja del manuscrito]

Meditación 1.ª

Reconozcamos que California es una bellísima ciudad. Hay demasiadas bicicletas, es *[verdad]* cierto, pero tiene en cambio más de un millón de telefonistas con electricidad en los senos.

Cuando yo estuve en California fui huésped de la madre de Charles Chaplin. Era una señora sumamente delgada que lloraba todos los días *[con]* al sonar el ángelus. Silvestre y tierna. Aunque los periódicos lo digan, ella no fue nunca una intelectual. Se ponía los zapatos de su marido. Fue una mujer algo desastrada, de esas que de pronto guisan un faisán de manera maravillosa.

[Reconocía a dos genios. Shakespeare y su hijo.]

Cuando su hijo se comió el zapato, ella comprendió que debía morir porque su misión estaba cumplida. La mojama inglesa sabe tenderse a tiempo en el ata[h]úd. *[En el duelo los vecinos decían]* El duelo ha sido una preciosidad. Los vecinos lloraban diciendo: ¡Ay, pobre señora, pobre señora, tanto como le gustaba la mostaza, pobre, pobre, tanto como le gustaba la mostaza! *[Y una soltera]* Y se dice que una soltera, enemiga del cine, *[exclama* (ilegible)

¡pobres gallinas ponedoras!] se compró cuatro dentaduras de níquel para reírse del entierro.

[[**(ilegible)**]] *[Señora mía: Tengo la preocupación]* de que en California no hay bastantes grullas para que den guardia a tu cadáver. Por eso te hago un duelo de lágrimas. *[Ha dado la coincidencia de que ahora me gusta mucho llorar. Llorar es una cosa preciosa. Todavía no se han enterado los renacentistas.]* Adiós, madre de Charlot. Tu tragedia como actriz *[fue la]* ha sido lo más emocionante del teatro moderno. Querías poner ojos de leona en celo representando a Shakespeare y ponías ojos de boxeadora herida. Otelo, en vez de estrangularte, te daba un directo en la *[barbilla]* barba. ¡Oh madrecita del gran idiota! ¡Oh Desdémona K.O.!

Adiós. Adiós. Adiós. ¿Para qué te fuiste a Norteamérica con un pequeño baúl y una pluma de pavo real? ¡Dime! ¿Quién fue el primero que puso a tu hijo los pantalones de *[acordeón]* Caifás y el sombrero de espinas?

[¡Oh Mater Comicosa! ¡Descansa!]
[Meditemos.]

* * *

[Vox pu] Voz del pueblo

Que se ha muerto la madre de Charles Chaplin.
Muerta la llevan en un calcetín.

El calcetín era de Pío Nono.
Muerta la llevan en una botella de Anís del Mono.

La botella era de Enriqueta.
Muerta la llevan en bicicleta.

La bicicleta era de Manolito.
Muerta la llevan en un *[aerolito]* gambusito.

El *[aerolito]* gambusito era de un chivo.
Muerta la llevan en un objetivo.

El objetivo era de Chaplin.
Muerta la llevan en rueda sin fin.

* * *

[Meditación 2.ª]

Existe una diferencia marcadísima entre todos los hombres y Charlot. *[Los]* Todos los hombres se ríen de los peces de colores y *[Charlot llora por los peces de colores, se llora [[por]] de los peces de colores.]* Charlot se llora de los peces de colores.

En ninguna estética se ha usado el llanto de esta manera tan pura. El llanto ha sido siempre una consecuencia. Charlot hace del llanto causa, fuente aislada sin relaciones con [(ilegible)] el tema que lo produce. Llanto redondo. Llanto en sí mismo.

La risa se entrega a los peces de colores porque la risa es abundante *[y no]* y no cuesta esfuerzo. Después de entregar risa a la mujer, al cielo y a *[las cimas]* los aires alegres de primavera, queda todavía risa para los *[el]* elefantes y para los peces de colores, los *[tristes]* quietos, los alejadísimos peces de colores. El llanto es otra cosa. Se entrega al amor y al muerto que se despide. El que llora se gasta como un cirio. Todos son avaros de sus lágrimas por esta razón.

Charlot, por el contrario, entrega su llanto a los peces de colores dando ejemplo de sabiduría y de humildad nunca igualadas.

Por eso todos sus actos y sus gestos tienen un nuevo sentido.

Al muerto le da su bigotito **[[tierno]]** *[precioso]* universal y precioso, *[al hambre]* al hambre le da su serenidad, a la tempestad desencadenada el vaivén inefable de sus hombros, pero a los peces, a los pobrecitos y absurdos peces de colores, les entrega su llanto sin *[causa]* norma, su llanto recién *[sacado]* cuajado *[de]* en los cristales por donde resbala.

Ahora, al [(ilegible)] recibir la noticia de la muerte de su madre *[su mamá]*, Charlot no ha llorado tampoco. Charlot se ha desmayado. Este ha sido el rasgo más *[bello]* comprometedor *[de]* para su obra, tan inefable y tan esperado que parece increíble. De pronto se ha descubierto el corazón de señorita que tenía guardado.

Charlot con alas. Charlot de los cisnes, Charlot de los lirios del valle. *[Charlot de los]* *[ala]* Charlot del lenguaje de los abanicos y el rubor de novia. *[Curl]* Cursi. Bello. Femenino. Astronómico.

¿Cómo ha sido el desmayo de este hombre?

Los públicos hubieran deseado verlo caer en esas terribles chumberas del Oeste llenas de agujas donde se sientan a veces los personajes del cine; *[otras]* algunas personas de los pueblos amigas de los trucos inocentes hubiesen deseado *[verlo ca]* verlo resbalar sobre una serpiente o romper el agua del estanque con su cuerpo transido. En realidad, el desmayo ha sido en la butaca de su dormitorio. Contra el dolor del telegrama abierto, luchaba *[la]* el aire rápido del *[abani]* pay-pay *[sic]* que agitaba la doncella. *[Mi* (ilegible)*]* A la gente le ha gustado *[mucho]* en extremo este desmayo que da la clave de muchas películas incomprensibles y hace [(ilegible)] auténtica la fama de triste corriente que iba tomando Charlot.

Mi opinión *[por esto]* es contraria a *[este]* su desvanecimiento. Charlot no ha debido desmayarse nunca por una causa tan apropiada. Charlot, al recibir la noticia, pudo haber disimulado, envolviendo sus ojos en uno de esos diálogos **[[infinitos]]** *[natura]* realistas que sostiene con la luna y haber dado su desmayo a los peces de colores, únicos capaces de no entenderlo, para afirmar y concretar el fundamento de su *[estética]* especial manera.

[*Pero ha* (ilegible)]

[*Al*] Cuando volvió en sí tomó un automóvil y se fue a casa de su mamá. En la puerta ya lo estaban aguardando los mormones, que son los primeros que acuden a todos los duelos de los Estados Unidos.

Míster Coolidge, enterado de la noticia, envió un expresivo telegrama que decía *I am sorry,* que significa en español «Lo siento mucho». [*El pu*] Charlot inmediatamente contestó [*con este*] de esta manera *Thank you,* que significa en español «muchas gracias». Está siendo muy elogiado este rasgo del presidente.

La madre de Charlot fue amortajada por [*una*] su [*monja*] perro favorito ayudado por una monja que [*pesaba 300 kilos*] se lla-ma[*ba*] sor Clara Bontsw [*sic*].

El rostro de la muerta [*era*] estaba sereno, sin que la menor paloma ni la más insignificante hormiga lo turbase. Charlot ha teni-do la delicadeza de admitir todas las coronas.

Don Benito Musolini [*sic*] ha enviado una de balas de fusil en cuyo centro se abre una hermosa ópera italiana de plata maciza.

Roquefeller [*sic*], una de esparto.

Los judíos del noroeste se han excusado achacando su inhibi-ción a la fragilidad de las flores.

Charlot ha puesto a los pies del cadáver la primera camisita que llevó de niño.

[*Empiezan a llegar por todos los caminos gentes* [[**curiosas**]] *curiosas que vienen al entierro.*]

Como cae la nieve [*con gran*] en grandes masas, se teme que Noruega intervenga en el asunto y haya reclamaciones por parte del ministerio de Estado.

Cuatro automóviles están dispuestos para partir a gran velo-cidad en el instante [*en*] que la tierra [*caiga sobre*] cubra el ata[h]úd.

Más de un millón de estrellas han desfilado [*bajo*] sobre los paños de terciopelo negro.

El duelo de California es tan grande, que el gobernador ha mandado ramos de magnolias a todos los grifos de gasolina.

[faltan las hojas 10 y 11 del manuscrito]

* * *

[Llevemos] Demos cosas alegres a la muerta feliz,
[ojitos de ratón y botellas de anís.]
besitos de ratón y suspiros de anís.

[Ya se llevan a la madre de Charles Chaplin.
La caja es de acero gris con 20 de zinc.]

Llevemos cosas tiernas a la muerta de ayer,
[[una vieja (ilegible)]] *[un niño sin cabeza]* medio niño
dormido y agujas de coser.

Los vecinos ofrecen limonada a Charlot.
[Las pianolas heridas se (ilegible)]
Los estudiantes viejos le compran un bastón.

¡Eh! ¡Eh! ¡Eh! ¡Eh!
¡Ah! ¡Ah! ¡Ah! ¡Ah!
¡Oh! ¡Oh! ¡Oh! ¡Oh!

1928
1 de Septiembre

[al reverso de la hoja 9 del manuscrito]

TRANSVERBERACIÓN DE CHARLOT

San Gabriel de películas y remos
enciende frágil su linterna sorda.
Grises de New York, ángulos puros

[al reverso de la hoja 12 del manuscrito]

Que se ha muerto la madre de Charlot.
La caja se la ha regalado Míster Henry Ford.

Charlot en la ventana no cesa de llorar…
Sus lágrimas lo llenan de mijitas de pan.

Cerca del cementerio la besa un inventor
de mañanas sin lluvia para piso interior.

Tres pájaros mecánicos cantaban sin cesar
Edison si quisiera la podría resucitar.

LA GALLINA

(Cuento para niños tontos)

Había una gallina que era idiota. He dicho idiota. Pero era más idiota todavía. Le picaba un mosquito y salía corriendo. Le picaba una avispa y salía corriendo. Le picaba un murciélago y salía corriendo.

Todas las gallinas temen a las zorras. Pero esta gallina quería ser devorada por ellas. Y es que la gallina era una idiota. No era una gallina. Era una idiota.

En las noches de invierno la luna de las aldeas da grandes bofetadas a las gallinas. Unas bofetadas que se sienten por las calles. Da mucha risa. Los curas no podrán comprender nunca por qué son estas bofetadas, pero Dios sí. Y las gallinas también.

Será menester que sepáis todos que Dios es un gran monte VIVO. Tiene una piel de moscas y encima una piel de avispas y encima una piel de golondrinas y encima una piel de lagartos y encima una piel de lombrices y encima una piel de hombres y encima una piel de leopardos y todo. ¿Veis todo? Pues todo, y además una piel de gallinas. Esto era lo que no sabía nuestra amiga.

¡Da risa considerar lo simpáticas que son las gallinas! Todas tienen cresta. Todas tienen culo. Todas ponen huevos. ¿Y qué me vais a decir?

La gallina idiota odiaba los huevos. Le gustaban los gallos, es cierto, como les gusta a las manos derechas de las personas esas picaduras de las zarzas o la iniciación del alfilerazo. Pero ella odiaba su propio huevo. Y sin embargo no hay nada más hermoso que un huevo.

Recién sacado de las espigas, todavía caliente, es la perfección de la boca, el párpado y el lóbulo de la oreja. La mejilla caliente de la que acaba de morir. Es el rostro. ¿No lo entendéis? Yo sí. Lo dicen los cuentos japoneses, y algunas mujeres ignorantes también lo saben.

No quiero defender la belleza enjuta del huevo, pero ya que todo el mundo alaba la pulcritud del espejo y la alegría de los que se revuelcan en la hierba, bien está que yo defienda un huevo contra una gallina. Un huevo inocente contra una gallina idiota.

Lo voy a decir: una gallina amiga de los hombres.

Una noche la luna estaba repartiendo bofetadas a las gallinas. El mar y los tejados y las carboneras tenían la misma luz. Una luz donde el abejorro hubiera recibido las flechas de todo el mundo. Nadie dormía. Las gallinas no podían más. Tenían las crestas llenas de escarcha y los piojitos tocaban sus campanillitas eléctricas por el hueco de las bofetadas.

Un gallo se decidió al fin.

La gallina idiota se defendía.

El gallo bailó tres veces pero los gallos no saben enhebrar bien las agujas.

Tocaron las campanas de las torres porque tenían que tocar, y los cauces y los corredores y los que juegan al golf se pusieron tres veces morados y tintineantes. Empezó la lucha.

Gallo listo. Gallina idiota. Gallina lista. Gallo idiota. Listos los dos. Los dos idiotas. Gallo listo. Gallina idiota.

Luchaban. Luchaban. Luchaban. Así toda la noche. Y diez. Y veinte. Y un año. Y diez. Y siempre.

MI AMOR EN EL BAÑO

Al entrar en el cuarto de baño cesaron los gritos. Yo procuraba romper todos los algodones pero el destino me jugaba una mala pasada. Al entrar en el cuarto de baño vi a mi amor que se dividía para no quererme.

El sistema de venas latía sobre un maniquí. El sistema muscular pendía de los tubos hirientes. El sistema nervioso saltaba sobre una rana. El sistema de aire lloraba. [*¿Y* (ilegible)*?*] Cuatro sistemas y su sombra *[en el agua]* en la bañera pura.

EPÍLOGO

Los *Poemas en prosa* son en cierto sentido la cenicienta de la obra poética de Lorca: han recibido relativamente poca atención por parte de la crítica, sobre todo en comparación con la avalancha de libros y artículos sobre el *Romancero gitano* y *Poeta en Nueva York*, las dos colecciones que enmarcan cronológicamente los *Poemas en prosa*. Hay varias razones por las cuales estas composiciones han sido marginadas del canon lorquiano. Por un lado, podrían señalarse los problemas textuales: durante muchos años la dificultad de acceso al mismo texto, medio enterrado en unas pocas páginas de las *Obras completas* de la editorial Aguilar, y la inestabilidad de su título, que en las tempranas ediciones de estas *Obras* aparecía erróneamente como *Narraciones*. Por otro lado, el carácter transgenérico de estas composiciones, que no caen de lleno en ninguna de las categorías consagradas, tiende a excluirlas de los panoramas críticos; aún más, indudablemente son, en cuanto a su lectura e interpretación, unos de los textos más difíciles de toda la producción lorquiana.

Más allá de estas consideraciones, creemos que la singular falta de reconocimiento proviene también, y quizá en gran medida, de un simple hecho histórico: la colección nunca se publicó en vida de Lorca, quedándose, como tantas otras —*Suites, Diálogos, Odas, Sonetos* y un largo etcétera—, meramente en estado de proyecto al morir el poeta.[1] Afortunadamente, tenemos un testimonio valioso sobre este tema dejado por el mismo Lorca en la famosa «última» entrevista de Antonio Otero Seco, de 1936; cuando este hizo la pregunta «¿cuántos libros más tienes terminados?», Federico le contestó: «De poesía, cinco […]. Los títulos de esos cinco libros son *Tierra y luna, Diván del Tamarit, Odas, Poemas en prosa* y *Suites*».[2]

Otra consecuencia del estado inconcluso del libro es la imposibilidad de fijar con certeza su composición definitiva: no sabemos si algunos textos se han perdido ni cómo habría organizado Lorca la colección de haberse publicado a mediados de los años treinta. Como veremos con más detalle a continuación, la presente edición es, por consiguiente, una reconstrucción parcial y especulativa de lo que podría haber sido el libro, y la inclusión de varios textos relacionados en el apartado del apéndice es una señal más de la inevitable provisionalidad de este corpus.

CRONOLOGÍA

Todas las obras que pueden considerarse parte de la colección *Poemas en prosa* son de 1927 y 1928; de esta manera, se establecen unos límites cronológicos nítidamente marcados, los cuales permiten centrarnos en este período tan importante en la vida creativa de Lorca. Los datos básicos no son difíciles de enumerar: las notas ecdóticas, incluidas en la primera parte de la «Bibliografía» que aparece al final de esta edición, demuestran que un texto se publicó en noviembre de 1927, dos en septiembre

---

[1] Algunas colecciones tenían una masa suficiente para facilitar su publicación póstuma, como *Poeta en Nueva York* o *Diván del Tamarit,* ambas en 1940; otras se quedaron en terreno virtual.

[2] Antonio Otero Seco, «Una conversación inédita con Federico García Lorca. Índice de las obras inéditas que ha dejado el gran poeta», *Mundo Gráfico,* XXVII, n.º 1321 (24 de febrero de 1937), s. p.

de 1928, dos más iban a publicarse en diciembre de 1928 (se hicieron incluso pruebas antes de que la revista se hundiera) y un sexto poema apareció en enero de 1929.

En la correspondencia de Lorca, encontramos una serie de referencias a la composición y los planes de publicación de estos textos, y aquí las fechas corren, otra vez, desde julio de 1927 hasta diciembre de 1928. Además, es de notar que «Degollación del Bautista», al editarse en 1930, tenía al final la indicación «Agosto, 1928», y que el manuscrito original de «Nadadora sumergida» está fechado en «1928, Septiembre, 4». Estos datos diversos se combinan coherentemente para delimitar un período de composición cuyos límites serían mediados de 1927 y fines de 1928.

EL CONTEXTO LITERARIO

¿Qué ocurría en la vida de Lorca a mediados de 1927? Entre principios de mayo y el fin de julio pasa una larga temporada en Cataluña con Salvador Dalí, estancia que tendrá un impacto muy importante en él y su obra. Mientras tanto, los diversos actos para conmemorar el tricentenario de Góngora están en marcha, *Canciones* se publica en Málaga, *Mariana Pineda* se estrena en Barcelona, se celebra la exposición de los dibujos de Lorca en las Galerías Dalmau de Barcelona y, a consecuencia de esta experiencia, concibe el proyecto de hacer una edición de ellos. Hace tiempo que ha terminado la redacción del *Romancero gitano* (aunque volverá a revisar y copiarlo hacia finales del año); ha empezado a experimentar con poemas largos de corte formal, como «La sirena y el carabinero» y la «Soledad insegura», y en Granada los planes para publicar una pequeña revista literaria se han frustrado por el momento, pero Lorca no abandona la idea.

Durante el próximo año y medio, tendrá muchas preocupaciones literarias y artísticas: los dibujos y el proyecto de su posible edición en colaboración con Dalí y Sebastià Gasch;[3] el estreno madrileño de *Mariana Pineda* (octubre de 1927); la participación en los actos gongorinos, que culminaron con el viaje al Ateneo de Sevilla (diciembre de 1927); el terminar la composición de *La zapatera prodigiosa* (febrero de 1928); la confección de los dos números de la revista *gallo* (febrero y abril de 1928); las gestiones para un nuevo montaje de *Los títeres de Cachiporra* (mayo-junio de 1928); la publicación del *Romancero gitano* (editorial Revista de Occidente, julio de 1928); la elaboración de tres conferencias nuevas («Añada, nana, *arrolo, vou veri vou*. Canciones de cuna españolas»; «Imaginación, inspiración, evasión», y «*Sketch* de la nueva pintura»), las *Odas* y, por supuesto, los *Poemas en prosa*.[4]

PROYECTOS POÉTICOS DE 1927-1928

En el ámbito específicamente poético, entonces, los romances lorquianos ya pertenecen al pasado;[5] el ciclo de las odas, inaugurado

---

[3] De Sebastià Gasch i Carreras (1897-1980) vamos a tener ocasión de hablar mucho en las páginas siguientes: nacido en Barcelona, fue crítico de arte, periodista y escritor y conoció a Lorca precisamente en el verano de 1927. Amigo íntimo de muchos vanguardistas catalanes —entre ellos, Joan Miró y Rafael Pérez Barradas, además de Salvador Dalí—, fue miembro del llamado «Ateneíllo de Hospitalet». Aunque en sus primeros años pensaba ser pintor (hasta 1925), después se dedicó a la crítica, demostrando un conocimiento experto de todos los movimientos de arte moderno. Formó parte de la redacción de *L'Amic de les Arts,* de Sitges, y colaboró frecuentemente en *La Gaceta Literaria, Gaseta de les Arts, La Veu de Catalunya, La Publicitat, Mirador, D'Ací y d'Allá, L'Opinió* y otros periódicos y revistas.

[4] Para más detalles sobre el trasfondo biográfico, véase Anderson, «Lorca en 1928».

[5] «Una vez terminado este romance y el "Romance del martirio de la gitana santa Olalla de Mérida", daré por terminado el libro… Después no tocaré ¡jamás! ¡jamás! este tema» (carta a Jorge Guillén, noviembre de 1926); «Pero mandaros algo no

hacia 1924 y luego continuado con la «Oda a Salvador Dalí» (1926), hace una pausa en 1927, pero luego continúa con grandes esfuerzos creativos durante el verano de 1928; por otra parte, los poemas en prosa, iniciados casi seguramente en julio de 1927, también vuelven a preocuparle en 1928. En efecto, la casi simultaneidad de estos dos libros proyectados, *Odas* y *Poemas en prosa,* es la fuente de cierta confusión; ambos representan una ruptura nítida con el estilo y el metro de los romances gitanos, pero, cuando Lorca habla durante estos dos años de nuevas cosas o de un nuevo tipo de poesía, a veces es difícil saber a qué se refiere, a pesar de las grandes diferencias no solo entre las dos nuevas colecciones y el *Romancero,* sino también entre sí.

No obstante, las cartas que corresponden a esta época son muy útiles y nos aclaran mucho; por ejemplo, la inspiración para los poemas en prosa parece nacer durante su estancia en Cataluña con Salvador Dalí. En dos cartas, ambas de finales de julio de 1927, cuando el poeta está a punto de volver a Granada, se expresa casi en sentido idéntico: «He trabajado bastante en nuevos y *originales* poemas pertenecientes ya, una vez terminado el *Romancero gitano,* a otra *clase de cosas*» (carta a Melchor Fernández Almagro); «Además, Dalí y yo hemos trabajado bastante. […] he empezado una *nueva clase* de poemas» (carta a Francisco García Lorca).[6] Este es el momento del primer entusiasmo, producto del cual es, seguramente, «Santa Lucía y san Lázaro» y, muy posiblemente, otros textos ahora perdidos.

Pero Lorca sigue dudando o, por lo menos, dividiendo su tiempo entre distintos proyectos. A principios de 1927 ya había

---

puedo. Más adelante. Y desde luego, no serán romances gitanos» (carta a Jorge Guillén, principios de enero, 1927); «Cuando termine el romance "Martirio de Santa Olalla", se lo enviaré» (carta a Sebastià Gasch, 2 de septiembre de 1927); «publico el Romancero en la Revista de Occidente […]. Saldrá enseguida el libro, para diciembre» (carta a sus padres de ¿principios de noviembre? de 1927): *Epistolario completo,* pp. 394, 414, 521 y 528.

[6] *Epistolario completo,* pp. 494 y 495-496.

escrito a Jorge Guillén: «Ahora tengo varios proyectos líricos, pero no sé a cuál de ellos hincarle el diente». Y, hasta cierto punto, esta situación continúa a lo largo de 1927: «Ahora trabajo en varias cosas» (carta a Sebastià Gasch, 2 de septiembre de 1927). E incluso se prolonga durante el año siguiente: «Yo trabajo con gran amor en varias cosas de géneros muy distintos. Hago poemas de todas clases» (carta a Sebastià Gasch, 8 de septiembre de 1928).[7]

A principios de 1928, y luego repetidamente durante el verano, Lorca hace alusiones a la «Oda al Santísimo Sacramento del Altar». A Melchor Fernández Almagro le informa: «No te he escrito porque he estado muy atareado escribiendo muchas cosas nuevas que ya verás. […] estoy con la "Oda al Santísimo"» (carta de la primera semana de febrero de 1928). En agosto dice que ya tiene la primera parte de su «Oda al Sacramento» (carta a Sebastià Gasch) y que ahora está trabajando, lógicamente, en la segunda parte (carta a Jorge Zalamea). Más tarde, durante el mismo mes la situación ha avanzado: «Estoy terminando la "Oda al Santísimo Sacramento", que me parece de una gran fuerza expresiva y de factura original y novísima» (carta a Sebastià Gasch). Y luego, a finales de agosto o principios de septiembre, repite que «La "Oda al Sacramento" está ya casi terminada» (carta a Jorge Zalamea), aunque a continuación identifica la tercera parte (de un total de cuatro) como «la parte que hago ahora».[8] La hoja número 8 del manuscrito de «Meditaciones a la muerte de la madre de Charlot», fechado el 1 de septiembre de 1928, tiene al dorso, escrita a lápiz, la escueta indicación de nada más que un título, «Carne», que es, precisamente, el de la cuarta y última parte de la oda.[9] El detalle es probablemente sintomático,

---

[7] *Epistolario completo,* pp. 417, 521 y 585.

[8] *Epistolario completo,* pp. 549-550, 576, 576-577, 579 y 582.

[9] El manuscrito se conserva en el archivo del Centro Federico García Lorca (signatura M-Lorca pro PRO-9[16]).

puesto que la composición de este poema fue abandonada poco después y la obra no fue terminada hasta un año más tarde (Nueva York, 17 de septiembre de 1929).[10]

La otra oda de este verano es la «Oda y burla de Sesostris y Sardanápalo»,[11] que aparece citada por primera vez en una carta (n.º 27) a Gasch de agosto: «Hago también la "Oda a Sesostris, el Sardanápolo de los griegos", llena de humor y llanto y ritmo dionisíaco». Las referencias siguen en otras cartas cronológicamente cercanas: «hago estas *academias* precisas de ahora y abro mi alma ante el símbolo del Sacramento, y mi erotismo en la "Oda a Sesostris", que llevo mediada […]. Esta "Oda a Sesostris" te gustará, porque entra dentro de mi género *furioso*» (carta a Jorge Zalamea, finales de agosto/principios de septiembre).[12]

Así pues, durante el año 1928 Lorca pensaba que su próxima colección poética, después del *Romancero gitano,* que salió de las prensas en julio de ese año, sería la de las *Odas.* Una referencia algo imprecisa —«yo he trabajado en Madrid y tengo poemas nuevos para mi próximo libro» (carta a su familia, 26 de julio de 1928)— se entiende mejor a la luz de dos comentarios posteriores: «He trabajado intensísimamente. Tengo casi hecho mi libro de *Odas,* polo opuesto al *Romancero* y creo que de más agudeza lírica. He escrito por los codos» (carta a Melchor Fernández Almagro, ¿segunda quincena de septiembre? de 1928), y «He trabajado mucho y estoy trabajando. Después de construir mis *Odas,* en las que tengo tanta

---

[10] El manuscrito se conserva en el archivo del Centro Federico García Lorca (signatura M-Lorca P-10[11]), con la fecha indicada al final de la cuarta parte del texto.

[11] Lorca utiliza una serie de títulos ligeramente distintos para referirse a este poema: véase la edición de *Oda y burla de Sesostris y Sardanápalo* preparada por García-Posada.

[12] *Epistolario completo,* pp. 579 y 582.

ilusión, cierro este ciclo de poesía para hacer otra cosa» (carta a Jorge Zalamea, septiembre de 1928).[13]

Creemos que esta última cita es de importancia clave: al fin del verano de 1928 las *Odas* tocan a su fin, mientras que esta «otra cosa» que Lorca se propone hacer es, sin lugar a duda, el ciclo de los *Poemas en prosa*. A lo largo de este mismo verano va distribuyendo ejemplares del *Romancero gitano* a sus amigos, pero el sentimiento de desfase entre la composición del libro (esencialmente de 1924 y 1926) y su publicación (julio de 1928), y entre esta colección y los poemas que está componiendo ahora, es palmario. «A pesar de todo, a mí [el *Romancero gitano*] ya no me interesa nada o casi nada. Se me ha muerto en las manos de la manera más tierna. Mi poesía tiende ahora a otro vuelo más agudo todavía. Me parece que un vuelo personal» (carta a Sebastià Gasch, 8 de septiembre de 1928).[14] Este «vuelo», que es precisamente el de los *Poemas en prosa*, lo vuelve a describir en una carta a Jorge Zalamea: «Ahora hago una poesía de *abrirse las venas,* una poesía *evadida* ya de la realidad con una emoción donde se refleja todo mi amor por las cosas y mi guasa por las cosas. Amor de morir y burla de morir. Amor. Mi corazón. Así es» (septiembre de 1928). Y en otra a Jorge Guillén: «He trabajado mucho mucho. Cosas muy distintas, y creo de inspiración directa. Ahora me parece que empiezo [a] vislumbrar la calidad poética que ansío» (finales de octubre/principios de noviembre de 1928).[15] Sin embargo, por razones que desconocemos, la composición de otros textos de esta índole no continúa durante 1929; los primeros seis meses de este último año marcan otra pausa en su producción poética, después de la cual arranca, con la llegada a Estados Unidos a finales de junio, el ciclo de *Poeta en Nueva York.*[16]

---

[13] *Epistolario completo,* pp. 570, 590 y 587.

[14] *Epistolario completo,* p. 585.

[15] *Epistolario completo,* pp. 587 y 598.

[16] Para más detalles, véase Anderson, «Hiato vital».

La cuestión del género

En comparación con el característico octosílabo del romance, las *Odas* producen una impresión inmediata, con sus versos de arte mayor, principalmente alejandrinos. Pero más chocante aún es el poema en prosa, que abandona la métrica por completo; su naturaleza es, por definición, transgenérica, y este carácter de mezcla radical puede observarse en las alusiones que hace Lorca a sus composiciones, relacionando no solo poema con prosa (o ensayo), sino también ambos elementos con el dibujo.[17]

De gran interés es una descripción de sus métodos de trabajo que ofrece a Gasch, en un momento muy poco posterior a su estancia

---

[17] No podemos entrar aquí ni en el esbozo de la historia del poema en prosa europeo moderno. Sencillamente debemos recordar la preeminencia de Charles Baudelaire (1821-1867), cuyos *Petits poèmes en prose* (1869), alternativamente titulados *Le Spleen de Paris*, son para muchos el punto inicial de arranque; a este le siguieron otros franceses igualmente famosos, como el conde de Lautréamont (1846-1870), con *Les Chants de Maldoror* (1868), o Arthur Rimbaud (1854-1891), con sus dos series *Une Saison en enfer* (1873) e *Illuminations* (1872-1875). Más cerca de las fechas que nos interesan, cabría mencionar a Max Jacob (1876-1944) y su *Le Cornet à dés* (1917).

En España existían ya los ejemplos diversos de Juan Ramón Jiménez (1881-1958) y sus prosas poéticas: piénsese, por ejemplo, en las seccionas en «prosa» de *Diario de un poeta reciencasado* (1917), y de Ramón Gómez de la Serna (1888-1963), cuyas greguerías podían a veces llenar una o dos páginas impresas. Entre los estrictos contemporáneos de Lorca que también compusieron poemas en prosa, podemos señalar a Vicente Aleixandre (1898-1984), Dámaso Alonso (1898-1990), Luis Buñuel (1900-1983), Luis Cernuda (1902-1963), Salvador Dalí (1904-1989), José María Hinojosa (1904-1936), Juan Larrea (1895-1980), Fernando María de Milicua e Irala (1900-1977), Emilio Prados (1899-1962) y Tomás Seral y Casas (1908-1945). Para la historia del poema en prosa, véanse Caws y Riffaterre (eds.), *The Prose Poem in France;* Díaz-Plaja, *El poema en prosa en España;* Hubert, «Characteristics of an Undefinable Genre», y Utrera Torremocha, *Teoría del poema en prosa.*

en Cataluña y que, por consiguiente, corresponde a la época de composición de «Santa Lucía y san Lázaro» y tal vez de otros textos ahora perdidos: «En prosa hago ahora un ensayo en el que estoy interesadísimo. Me propongo dos temas literarios, los desarrollo y luego los analizo. Y el resultado es un poema. Trato de unir mi instinto con el virtuosismo que posea» (carta a Sebastià Gasch, 25 de agosto de 1927).[18]

No obstante, cuando «Santa Lucía y san Lázaro» se publica hacia el final del año, Lorca lo describe como «un ensayo en prosa», «mi prosa» y «este ensayo» (cartas a Sebastià Gasch, 24 de noviembre de 1927, 23 de diciembre de 1927 y ¿segunda semana? de enero de 1928).[19] Pero nueve meses más tarde, cuando envía «Nadadora sumergida» y «Suicidio en Alejandría» a Gasch para su publicación en la revista *L'Amic de les Arts,* se refiere a ellos como «los dos poemas» y luego aclara: «Naturalmente, están en prosa porque el verso es una ligadura que no resisten» (carta de mediados de septiembre de 1928).[20] De manera estrictamente paralela, cuando manda en diciembre de 1928 a Juan Guerrero Ruiz las pruebas corregidas de «Amantes asesinados por una perdiz» y «Degollación del Bautista» para su publicación (luego frustrada) en la revista murciana *Verso y Prosa,* alude a «mis poemas corregidos» y, al contestar una pregunta

---

[18] *Epistolario completo,* pp. 513-514. No sabemos exactamente cuándo se compuso «Santa Lucía y san Lázaro». Es posible que la referencia aquí a «dos temas literarios» corresponda a la división bipartita del texto, con secciones dedicadas a ambos santos y lo que representan. Tan temprano como mediados de febrero de 1927, Lorca había comunicado a Guillermo de Torre que «a la *Revista de Occidente* voy a enviar unos ensayos en prosa» *(Epistolario completo,* p. 431), aunque por otros detalles en la misma carta parece que se refiere aquí a los *Diálogos.*

[19] *Epistolario completo,* pp. 532, 538 y 542.

[20] *Epistolario completo,* pp. 588-589. Un año antes se había expresado en términos evidentemente hiperbólicos: «me da horror el poema con versos» *(Epistolario completo,* p. 519).

editorial de Guerrero escrita sobre las pruebas acerca de un posible título común, Lorca repite la denominación explícitamente: «Sí. Dos poemas (en letra muy grande)».[21]

Más allá de estas referencias exactas, se puede decir que los años 1927-1928 corresponden a una estética en la cual las fronteras entre géneros y entre medios tiende a esfumarse. Refiriéndose a unos poemas de *Suites, Poema del cante jondo* y *Canciones,* hace el siguiente comentario: «Son malas cosas. A veces me desespero. Veo que no sirvo para nada. Son cosas del 21. Del 21, cuando yo era niño. Alguna vez puede que yo exprese los extraordinarios dibujos reales que sueño. Ahora me faltan muchas cosas» (carta a Jorge Guillén, mediados de febrero de 1927).[22] La equiparación de poema y dibujo es, por ende, un rasgo de su pensamiento durante esta época. Al mandar un dibujo —«Herido en el alba»— a su amigo el artista uruguayo Rafael Barradas, le saluda así: «Te envío un abrazo desde Granada y ese poema» (carta de la ¿segunda semana? de agosto de 1927).[23] Y, al hacer otro envío casi simultáneo a Sebastià Gasch, le advierte: «Ahora empiezo a escribir y a dibujar poesías como esta que le envío dedicada. Cuando un asunto es demasiado largo o tiene poéticamente una emoción manida, lo resuelvo con los lápices» (mediados de agosto de 1927).[24] Esta especie de intercambiabilidad de términos es parte de la meditación estética de Lorca

---

[21] *Epistolario completo,* pp. 599-600 y n. 549.

[22] *Epistolario completo,* pp. 435-436.

[23] *Epistolario completo,* p. 504.

[24] *Epistolario completo,* p. 508. El dibujo aludido sería verosímilmente el «Arlequín veneciano» (*Libro de los dibujos,* n.º 122), por la referencia en la carta a «una cajita de cristal de Venecia» y por el hecho de que este dibujo se utilizara para ilustrar el artículo de Gasch, «Cop d'ull sobre l'evolució de l'art modern», *L'Amic de les Arts,* ii, n.º 18 (30 de septiembre de 1927), pp. 91-93 (en la p. 92, al lado de un dibujo de Dalí).

durante estos meses y la resume de esta manera en otra carta al mismo Gasch: «Yo he pensado y hecho estos dibujitos con un criterio poético-plástico o plástico-poético, en justa unión […]. Estos dibujos son poesía pura o plástica pura a la vez» (2 de septiembre de 1927).[25] Estas nuevas ideas y experimentos deben mucho a las conversaciones que Lorca mantuvo con Gasch en Barcelona, a su correspondencia de 1927-1928 y a la lectura, por parte de Lorca, de varios ensayos de Gasch publicados en revistas en aquel entonces. Al mismo tiempo, tenemos que señalar la fuente de otra importante influencia complementaria: la convivencia de Lorca con Salvador Dalí en Cadaqués durante julio de 1927 y, de modo paralelo al caso de Gasch, su interacción por correo a lo largo de los meses inmediatamente posteriores.

SALVADOR DALÍ

Lorca conoció a Salvador Dalí en la madrileña Residencia de Estudiantes en febrero o marzo de 1923, y la amistad fue desarrollándose y profundizándose durante los años siguientes. La relación, compleja y no exenta de ambigüedades, ha sido objeto de varios estudios extensos,[26] y aquí solo queremos tocar rápidamente algunas de las peripecias biográficas de 1927-1928 más pertinentes a los *Poemas en prosa* lorquianos. El suceso más importante es, sin duda, la segunda visita que hizo Lorca a la casa —en realidad, a las casas— de

---

[25] *Epistolario completo,* p. 519. Sobre el concepto de plástica y poesía en unión y las teorías de Gasch sobre este tema absorbidas por Lorca, véase Anderson, «Sebastià Gasch y Federico García Lorca: influencias recíprocas», pp. 99-103.

[26] Véanse, por ejemplo, Rodrigo, *Lorca-Dalí, una amistad traicionada* y *García Lorca el amigo de Cataluña;* Gibson, *Federico García Lorca,* vol. I; Sánchez Vidal, *Buñuel, Lorca, Dalí;* Hernández, «García Lorca y Salvador Dalí:»; Santos Torroella, *La miel es más dulce que la sangre* y *«Los putrefactos» de Dalí y Lorca.*

Dalí y de su familia en Cataluña entre mayo y julio de 1927. Venía a raíz del estreno de su obra teatral *Mariana Pineda,* que Margarita Xirgu y su compañía iban a representar en el teatro Goya de Barcelona, y se había convenido que Dalí fuera el decorador, escenógrafo y figurinista para el montaje. De esta manera, Lorca pasó parte de mayo con Dalí en su casa familiar de Figueras; luego tuvo que irse a Barcelona, para asistir a los ensayos de su obra, y Dalí se reunió con él allí unas pocas semanas después.[27] Al finalizar la temporada teatral y al concluir la exposición de dibujos de Lorca en las Galerías Dalmau, a principios de julio los dos volvieron juntos a la casa de verano de la familia Dalí en Cadaqués, donde pasaron todo el resto del mes.

El impacto de estos casi tres meses de vida en común, de conversaciones diarias y de experiencias compartidas, es difícil de subestimar. Desde el verano de 1926, Dalí venía elaborando su propia estética vanguardista, centrada en la figura de san Sebastián, quien servía de emblema de lo que llamaba «la Santa Objetividad».[28] Explicó sus teorías en otras cartas a Lorca en meses posteriores, y debieron de hablar mucho de todo esto durante el tiempo que pasaron juntos,

---

[27] No es posible precisar todas las fechas: sabemos que Lorca ya se hallaba en Figueras el 13 de mayo (tarjeta postal a Manuel de Falla: *Epistolario completo,* pp. 476-477), y que luego estaba en Barcelona el 26 de mayo (carta de Rafael Barradas a Juan Gutiérrez Gili, en *Rafael Barradas y Juan Gutiérrez Gili,* p. 23); Dalí parece haber llegado a Barcelona hacia principios de junio, al empezar sus tres meses de permiso estival del servicio militar que cumplía en aquel entonces.

[28] En Santos Torroella (ed.), *Salvador Dalí escribe a Federico García Lorca;* véanse las cartas xvi (de comienzos de verano, 1926), xviii (de septiembre de 1926), xix (de enero de 1927) y xx (de marzo de 1927). Por su parte, Lorca se refirió, el 9 de septiembre de 1926, en una carta a Jorge Guillén, al «sitio eterno y *simpático* de la verdadera poesía, que es amor, esfuerzo y renunciamiento (San Sebastián)», y le anunció que «Voy a dar tres conferencias. "El mito de San Sebastián". Quisiera me mandaras una foto del "San Sebastián" de Berruguete. En la segunda conferencia proyectaré varios famosos» (*Epistolario completo,* p. 374); desafortunadamente, nunca llegó a escribirlas.

puesto que el texto definitivo donde Dalí recogía estas ideas se publicó, en catalán y titulado «Sant Sebastià», a finales de julio de 1927, justo después de la partida de Lorca.[29] El recibo en Granada del número de la revista de Sitges provocó un detallado comentario por parte de este, donde expresaba su acuerdo con muchas de las ideas de Dalí, pero a la vez marcaba unas distinciones sutiles con los puntos de vista de su amigo.[30] Durante los tres meses en cuestión, Dalí también había empezado a pintar dos lienzos muy importantes, *La miel es más dulce que la sangre (El bosque de aparatos)* y *Cenicitas (Nacimiento de Venus o Los esfuerzos estériles),* que los dos amigos comentaban entre sí, y juntos trabajaron en el primer borrador de un texto programático —el «Manifiesto antiartístico catalán»— que luego se publicó en marzo de 1928 firmado por Dalí, Sebastià Gasch y Lluís Montanyà, pero no por Lorca.[31]

Es difícil determinar a qué género pertenece el «Sant Sebastià» de Dalí o, mejor dicho, no pertenece a ningún género consagrado: es parcialmente ensayo o meditación estética y parcialmente relato, con una pizca de poema en prosa. Lorca se refería a él indistintamente como «poema» y «prosa»,[32] y esta indeterminación también se refleja, como ya hemos visto, en su actitud hacia sus propios «poemas en prosa». «Santa Lucía y san Lázaro», el primero de estos, debe de nacer en gran parte como consecuencia del ejemplo de Dalí, probablemente durante agosto, cuando Lorca pasa una temporada

---

[29] Salvador Dalí, «Sant Sebastià», *L'Amic de les Arts,* II, n.º 16 (31 de julio de 1927), pp. 52-54.

[30] Carta de Lorca a Dalí, desde Lanjarón, escrita durante la segunda quincena de agosto, 1927 (*Epistolario completo,* pp. 511-512).

[31] Véase Minguet Batllori, *El manifiesto amarillo.*

[32] Véanse las cartas a Gasch y a Ana María Dalí (ambas de mediados de agosto, 1927) (*Epistolario completo,* pp. 508 y 506).

en Granada y otra en Lanjarón.[33] Como ha demostrado clara y detenidamente el crítico británico Terence McMullan, «Santa Lucía» revela un conocimiento íntimo de Barcelona, que ha adquirido Lorca gracias a su reciente estancia en dicha ciudad.[34] Por otra parte, y aunque hay evidentes diferencias estilísticas entre los dos textos, la influencia se registra igualmente en el tratamiento indirecto de temas estéticos a través de un tenue hilo narrativo mezclado, a su vez, con un estilo poemático. Sabemos a través de Sebastià Gasch que la acogida del texto lorquiano por parte de Dalí fue positiva y calurosa, lo que seguramente habría deleitado a Lorca.[35]

Según la incompleta correspondencia conservada entre Lorca y Dalí, este, en meses posteriores, le envía por lo menos en cuatro ocasiones más textos «literarios»; en agosto de 1927, Lorca recibe «una prosa extraña, con grandes éxitos, pero *desorbitada*»;[36]

---

[33] Otro detalle geográfico y biográfico; según Ana María Dalí, la frase «ojos de santa Lucía» denomina unas «piedrecillas de forma ovalada como un ojo humano» que se hallan en la playa de Cadaqués (*Salvador Dalí visto por su hermana*, p. 44).

[34] McMullan, «Federico García Lorca's "Santa Lucía y san Lázaro"».

[35] «Santa Lucía y san Lázaro» se publicó en noviembre de 1927, hacia finales del mes; la carta de Gasch a Lorca, que recoge la reacción de Dalí, es del 26 de diciembre de 1927 (archivo del Centro Federico García Lorca); la carta de Dalí a Gasch, traducida al castellano, ha sido publicada por Massot: «Amigo Gasch: supongo que habrás leído el maravilloso escrito de Lorca que te dedica. Hoy quería hacerle una larguísima carta hablándole de Santa Lucía. | Santa Lucía es Santa Presentación, es la máxima corporeidad, es ofrecer la máxima superficie al exterior. | La poesía de San Sebastián consiste en su posibilidad, en su paciencia, que es una manera de elegancia; Santa Lucía *presenta* la objetividad ostensiblemente. San Sebastián es más estético, Santa Lucía más realista. | San Lázaro es aún la quintaesencia de la putrefacción. | Lorca parece ir coincidiendo, oh paradoja, en muchos puntos conmigo. Este escrito es elocuentísimo. ¿Recuerdas lo que te decía hace poco de la superficie de las cosas? Lorca, sin embargo, pasa por un momento intelectual que creo durará poco (aunque por lo que respecta [a] los señores putrefactos, creen que se trata de un escrito sensacionalista)».

[36] Carta de Lorca a Gasch del 2 de septiembre de 1927 (*Epistolario completo*, p. 521).

Dalí le manda «Poema de las cositas» en octubre de 1927;[37] en octubre/noviembre le anuncia que «Pronto recibirás casi un libro de *poemas* míos», y en noviembre Lorca comenta la llegada de «tus últimas cosas» y su lectura de «tus poemas»;[38] finalmente, en enero de 1928 Lorca comunica a Gasch que «Dalí el maravilloso sobre toda ponderación, me ha mandado unos ensayos poéticos que son un encanto».[39] Aunque la escasez de datos a veces nos impide identificar exactamente qué texto se mandó en qué fecha y aunque es probable que algún manuscrito se haya perdido, podemos reconstruir a grandes rasgos el corpus compartido: «Poema de las cositas», el fragmento de «Poema ["Pelos de debajo del brazo…"]», «Pez perseguido por una uva» y «Poema. A la Lydia de Cadaqués», todos poemas libres o poemas en prosa, más las dos prosas poemáticas «La meva amiga i la platja»[40] y «Nadal a Brussel·les (Conte antic)».[41]

---

[37] *Salvador Dalí escribe a Federico García Lorca,* carta XXIX.

[38] *Salvador Dalí escribe a Federico García Lorca,* carta XXX; carta de Lorca a Dalí de noviembre/principios de diciembre, 1927 (*Epistolario completo,* pp. 532-533).

[39] Carta de Lorca a Gasch de la ¿segunda semana? de enero, 1928 (*Epistolario completo,* p. 543).

[40] El texto de «La meva amiga i la platja» guarda un estrecho parentesco con la iconografía del cuadro *La miel es más dulce que la sangre;* de hecho, «La mel és més dolça que la sang» es el epígrafe de la «prosa» daliniana. El vínculo puede apreciarse aún mejor a la luz de la carta de Lorca a Dalí del ¿1? de agosto de 1927 (*Epistolario completo,* pp. 498-500), que comenta dicho lienzo en términos que ellos deben de haber elaborado juntos durante el verano, y que reaparecerían en la versión publicada de «La meva amiga».

[41] «Poema de les cosetes», *L'Amic de les Arts,* III, n.º 27 (31 de agosto de 1928), p. 211; «Poema ["Pelos de debajo del brazo…"]», *Salvador Dalí escribe a Federico García Lorca,* carta XXXII; «Peix perseguir per un raïm», *L'Amic de les Arts,* III, n.º 28 (31 [sic] de septiembre de 1928), pp. 217-218; «Poema. A la Lydia de Cadaqués», *La Gaceta Literaria,* II, n.º 28 (15 de febrero de 1928), p. 5; «Dues

Si Lorca reaccionó a estos envíos inmediatamente con la composición de algún poema o prosa vanguardista, no parece haberse conservado. Más bien tenemos que esperar hasta el verano del segundo año en cuestión (1928) para la reanudación de la redacción de futuros «poemas en prosa» como, por ejemplo, la «Degollación del Bautista», de agosto de 1928, o «La gallina».[42] Hacia finales de este verano —creemos que justo al término de agosto o al principio de septiembre—, llegó la larga y famosa carta de Dalí comentando duramente los poemas del *Romancero gitano*.[43] Esta carta parece haber desencadenado, a su vez, la redacción de «Nadadora sumergida» y, muy posiblemente, otros de la serie, sin hablar de otro texto relacionado, «Meditaciones a la muerte de la madre de Charlot», que es del 1 de septiembre de 1928.[44]

Dalí coincide con Lorca en una propuesta más: la interpenetración (casi la intercambiabilidad) de pintura y poesía. Aquel vuelve al tema varias veces en su correspondencia, demostrando la complejidad de las ideas que ambos esgrimían en esa época y la importancia de las influencias recíprocas. En octubre de 1927 le escribe: «¿No crees tú que los únicos poetas, los únicos que realmente realizamos poesía *nueva* somos los pintores? ¡Sí! […] Tú tienes que

---

proses: "La meva amiga i la platja"; "Nadal a Brussel·les (Conte antic)"», *L'Amic de les Arts,* II, n.º 20 (30 de noviembre de 1927), p. 104.

[42] Véanse las notas correspondientes en la sección de «Bibliografía».

[43] *Salvador Dalí escribe a Federico García Lorca,* carta XXXVI.

[44] La noticia del fallecimiento de Hannah Chaplin apareció en los periódicos españoles el 30 de agosto. Por el entramado de cartas y fechas, es imposible saber si Lorca contaba con las últimas ideas de Dalí al componer este texto; dice en carta a Gasch del 8 de septiembre (n.º 28) que ha recibido la carta de Dalí sobre el *Romancera gitano* «ayer» *(Epistolario completo,* pp. 584-585), pero, en la misma misiva a Gasch, explica que «Me fui a la sierra y he vuelto hoy […]. Hace días no voy a Granada», detalle que hace muy probable su uso aproximativo del adverbio «ayer».

ser el primer poeta nuevo; yo creo que no hay»,[45] y tres meses más tarde exclama: «Acto de *FE:* Lorca, 1.er *futuro* poeta de verdad cuando se purifique completamente y quede como un *aceite* sentado y monísimo [...]. No hay poetas que *escriban.* Los mejores pintan o hacen *cine,* Buster, Harry Langdon».[46]

Los últimos frutos de esta íntima asociación se manifiestan en dos conferencias que Lorca dictó en Granada en octubre de 1928. Tanto en «Imaginación, inspiración, evasión» como en «*Sketch* de la nueva pintura», denuncian el impacto del pensamiento de Dalí; en la primera, son muy significativos los conceptos de la pureza, del «hecho poético» y de la evasión, todos tratados en cartas y artículos del pintor, mientras que, en la segunda, Lorca lo elogia y proyecta diapositivas de algunos de sus cuadros.[47] Pero, ya en el otoño de 1928, este período de intimidad tocaba a su fin: Dalí caía bajo la influencia de Buñuel cada vez más y se acercaba poco a poco al movimiento surrealista francés, consecuencia de lo cual sería su preparación con Buñuel, en la primavera de 1929, del guion de la conocidísima película (la primera surrealista) *Un chien andalou.*

LOS *POEMAS EN PROSA*

Los seis poemas en prosa terminados y publicados en vida del autor comparten muchos rasgos en común, aunque evidentemente, por la cronología de composición ya reseñada, hay una distinción más nítida entre «Santa Lucía y san Lázaro» y los cinco restantes. Todos comparten ciertas características básicas, entre las cuales queremos subrayar dos que consideramos clave: (1) la modalidad del

---

[45] *Salvador Dalí escribe a Federico García Lorca,* carta XXVIII.

[46] *Salvador Dalí escribe a Federico García Lorca,* carta XXXIV.

[47] He estudiado estas coincidencias en detalle en mi artículo «Lorca at the Crossroads».

pastiche, donde se ensayan y se incorporan varios *estilos* reconocibles para distintos propósitos, sobre todo paródicos o de otra manera subversivos, y (2) bajo la apariencia de un relato (señales y huellas narrativas que varían algo según el texto individual), creemos que todas o casi todas las composiciones tienen una profunda preocupación, no por el tema de la historia «manifiesta», sino por cuestiones y meditaciones estéticas sobre el arte de vanguardia, la posición del artista o el escritor con relación a su obra, etc. Por consiguiente, la narración en sí misma, y bajo diversas formas, llega a ser uno de los estilos más frecuentemente sometido a la operación del pastiche.

De esta manera, podemos ver que «Santa Lucía y san Lázaro» es, entre otras cosas, una mezcla de relato de viaje, hagiografía y cuento bíblico; «Nadadora sumergida» es una combinación de historia de amor, crónica de sociedad, *fait divers* periodístico e informe de policía; «Suicidio en Alejandría», otra historia de amor; «Amantes asesinados», historia de amor también, con elementos de novela de misterio o policíaca y de confesión autobiográfica; mientras que «Degollación del Bautista» y «Degollación de los Inocentes» transforman los cuentos bíblicos respectivos y, en la primera, se añaden asimismo aspectos de la hagiografía.

No debe sorprendernos que, en esto también, los poemas en prosa de Lorca coincidan con el «Sant Sebastià» de Dalí, composición en la que, igualmente bajo la apariencia de una nueva hagiografía, se analizan y exponen ideas artísticas. Las cuestiones estéticas que preocupan a Lorca tienen que ver, en gran parte, con sus propias experiencias y con su posición literaria del momento. Así, los *Poemas en prosa* pueden calificarse fácilmente de metatextos, donde el escritor ensaya un método y un estilo innovadores y, simultáneamente, describe y reflexiona sobre dichos método y estilo.

No obstante, dada la modalidad estilística predominante de los *Poemas,* donde privan la aparente incoherencia, el capricho, el *non sequitur, e*l desajuste y la extravagancia, no es una tarea fácil identificar claramente estas preocupaciones estéticas y delinear su entramado. Por un lado, hay una especie de respuesta a los textos y las ideas de Dalí; respuesta, tanto en el sentido de resonancia o imitación como en el sentido de refutación. Algunos de los *Poemas* evocan la actitud de la «Santa Objectivitat» daliniana, pero otros parecen rozar las bases teóricas del surrealismo, movimiento hacia el cual Dalí se acercaba paulatinamente durante el período en cuestión. Pero, en ambos casos, el tratamiento es relativamente negativo, sugiriendo una curiosidad combinada con una desconfianza por parte de Lorca que podría reflejar, indirectamente o a un paso, la naturaleza de sus relaciones personales.[48]

Por otro lado, los *Poemas en prosa* también tratan —o, mejor dicho, encarnan y dramatizan— la renovación radical de principios y de prácticas estéticas. En su conferencia «Imaginación, inspiración, evasión» escribe Lorca que «el poema evadido de la realidad imaginativa se sustrae a los dictados de feo y bello como se entiende[n] ahora y entra en una asombrosa realidad poética, a veces llena de ternura y a veces de la crueldad más penetrante»,[49] y esto es precisamente lo que él pretende que se realice en estas composiciones: que traspasen los límites convencionales y que dejen atrás las categorías y las normas de la estética tradicional. Si la acción descrita en los *Poemas en prosa* a menudo parece cruel o violenta, hay que recordar, simultáneamente, el comentario de Lorca en una carta suya a Gasch: «Ahí te mando los dos poemas. […] en ellos sí notarás, desde luego, la

---

[48] Se cita, a menudo, lo que dice Lorca al respecto: «Responden a mi nueva manera *espiritualista,* emoción pura descarnada, desligada del control lógico, pero, ¡ojo!, ¡ojo!, con una tremenda *lógica poética.* No es surrealismo, ¡ojo!, la *conciencia* más clara los ilumina» (*Epistolario completo,* p. 588). Para un análisis detenido de los conceptos de «espiritualista» y «lógica poética», véanse mis artículos «Lorca at the Crossroads», «Sebastià Gasch y Federico García Lorca» y «García Lorca's *Poemas en prosa* and *Poeta en Nueva York*».

[49] *Conferencias,* II, p. 18.

ternura de mi actual corazón» (mediados de septiembre de 1928).[50] La posibilidad de la coexistencia —o, incluso, de la parcial fusión— de extremos aparentemente tan distintos y lejanos como la crueldad y la ternura es, precisamente, uno de los temas de los textos y, a la vez, la señal del deseo de lograr esa «asombrosa realidad poética» que ahora se impone como meta del arte.[51] Paradójicamente, el intento de «ir más allá», de disolver dicotomías asentadas, de llegar a un nue-vo —y deslumbrante— nivel de percepción, aproxima el concepto lorquiano de la «asombrosa realidad» al de la «sobre-realidad» de los surrealistas franceses, aunque, claro está, no los hace iguales. De aquí, en parte, la frecuente indecisión sobre el estilo y el propósito de los *Poemas en prosa,* que han sido clasificados por distintos crí-ticos como rigurosamente surrealistas y, en otros momentos, como absolutamente no surrealistas.

Al abordar los textos individuales, es posible entender esta confusión o vacilación, aunque «Santa Lucía y san Lázaro», cro-nológicamente el primero del ciclo, no se presta tan fácilmente a interpretaciones tan variables. De hecho, la extensión de este texto, mucho más largo que los otros cinco, y la densidad de sus imágenes y símbolos, bastante más descifrables que los de los textos posterio-res, sugieren un Lorca a medio camino hacia la plasmación de este nuevo género y estilo. Por otro lado, la comparación rápida con uno de los últimos poemas del *Romancero gitano,* «Martirio de santa Olalla», muestra inmediatamente que ya mucho ha cambiado: los elementos alegórico y juguetón se destacan en el poema en prosa, lo que queda claro si se coteja el tratamiento de los martirios de

---

[50] *Epistolario completo,* pp. 588-589.

[51] Escribe Mario Hernández: «El problema estético que Lorca no siempre resuelve es la consecución de un ajuste o equilibrio entre los dos tonos: el lírico y el irónico o sádico: es decir, el suyo propio y el de Dalí» («García Lorca y Salvador Dalí», p. 296). Lo lírico puede identificarse fácilmente con la ternura y lo irónico/sádico, con la crueldad.

santa Eulalia (el romance entero) y de santa Lucía (la sección que comienza «Santa Lucía fue una hermosa doncella de Siracusa»).

Desde su propio título, «Santa Lucía y san Lázaro» presenta una serie de dualidades, pero los críticos no han podido ponerse de acuerdo sobre la naturaleza de estas; tampoco coinciden sobre las cuestiones relacionadas de si en el texto se intenta o logra una fusión de las dualidades, y si una de estas se presenta de modo más positivo que la otra. Santa Lucía, asociada con la vista y la ceguera, se convierte en símbolo de lo exterior, de la superficie, mientras que san Lázaro, asociado con la muerte y la resurrección, y aquí en este texto también con el sonido, representa lo interior, las profundidades. Para percibir el primer principio, se necesitan los ojos y cierta objetividad, pero, para bucear en el segundo principio, hacen falta el instinto y una especie de zambullida peligrosa o incluso mortal. De esta manera surgen las dicotomías luz-oscuridad, vista-sonido, asepsia-desorden/suciedad, y de aquí otras oposiciones más «abstractas», como estatismo-mortalidad o las estéticas cubista-surrealista. En medio de todo esto está el narrador en primera persona, que más de una vez se encuentra completamente desorientado. Siguiendo esta cadena de asociaciones, podríamos llegar a la conclusión de que es posible que el texto de «Santa Lucía y san Lázaro» tenga como uno de sus múltiples temas una exploración de la teoría surrealista sin ser, estilísticamente, surrealista en sí mismo.

«Nadadora sumergida» cuenta, aparentemente, una despedida sentimental, el «último abrazo de mi amor», pero el subtexto tiene que ver con otro tipo de despedida, el dejar atrás un mundo viejo ya en declive y sus valores culturales y artísticos. Esto explica las referencias a la «alta sociedad» y la aristocracia, a un baile formal, y más específicamente a los «*enfermos* diamantes» de madame Barthou y al «traje *violeta*» de Olga Montcha, quien guarda luto por el zar muerto y, por extensión, por el mundo ruso prerrevolucionario.

Más abajo en el texto, el rechazo del vals vienés y la preferencia por el vals americano pueden interpretarse de igual manera.

El entroncamiento de estas ideas se aprecia mejor aún más tarde, en la conversación sostenida entre el «cronista de salones» y la condesa: después de evocar «aquel último abrazo», el primero afirma que «desde entonces dejé la literatura vieja que yo había cultivado con gran éxito», dando como justificación que «es preciso romperlo todo para que los dogmas se purifiquen y las normas tengan nuevo temblor». Esta renovación, o más bien revolución, estética creará un cambio en el orden de las cosas y en la manera de ver, de percibir el mundo: «Es preciso que el elefante tenga ojos de perdiz y la perdiz pezuñas de unicornio».

En toda esta línea de pensamiento, la sombra de Dalí no está nunca lejos. Empezando con las semejanzas con el texto daliniano «Peix perseguit per un raïm», donde aparece una «baronessa de X», hay una nutrida serie de alusiones o coincidencias: la costumbre de Dalí de disolver billetes de banco en vasos de güisqui, la referencia a contar las olas del mar,[52] la idea iconoclasta de un vals americano,[53] la preferencia de Dalí por la fabricación en serie[54] y, hacia el final del texto, la evocación de las películas mudas de Hollywood (otro de sus grandes entusiasmos).

A diferencia de «Nadadora sumergida», es bastante difícil encontrar en el texto siguiente, «Suicidio en Alejandría», un coherente subtexto teórico-estético. La narración parece enfocarse en una luna de miel que termina con la mentada muerte doble del título, mientras que el texto oscila entre los juegos de números —estrictamente

---

[52] Véase la carta XVIII de Dalí a Lorca, septiembre de 1926.

[53] Compárese lo que dice el «Manifest antiartistic català (Full Groc)»: «hay la música popular de hoy: el *jazz* y la danza actual».

[54] Salvador Dalí, «Poesia de l'útil standarditzat», *L'Amic de les Arts,* III, n.º 23 (31 de marzo de 1928), pp. 176-177.

matemáticos—[55] y las frases a menudo inconexas e ilógicas. No obstante, varios puntos llaman nuestra atención: hay una mezcla de lo viejo y lo nuevo, desde alusiones bíblicas hasta automóviles y la Torre Eiffel («La Tour Eiffel es hermosa»); la misma idea de romper con el pasado, ya asentada en «Nadadora sumergida», reaparece aquí: «La situación se hizo insostenible. Había necesidad de romper para siempre», e incluso se vislumbra una especie de autoconciencia metaliteraria, cuando grita el protagonista: «Terminad vosotros por caridad este poema».

Pero, para nuestros propósitos, quizá la afirmación más interesante sea esta: «Reconozcamos que la mejilla derecha es un mundo sin normas y la astronomía, un pedacito de jabón». Nos recuerda a un término de aprobación de Dalí —astronomía, astronómico— que utilizaba como contrapartida a putrefacción, putrefacto y, además, el gran énfasis que Dalí ponía en las pequeñas cosas materiales, insignificantes, «les cosetes», como solía referirse a ellas. Por otro lado, la frase también remite a la conferencia del mismo Lorca, «La imagen poética de don Luis de Góngora», donde aseveraba acerca del poeta cordobés que «une las sensaciones astronómicas con detalles nimios de lo infinitamente pequeño, con una idea de las masas y de las materias desconocidas en la Poesía hasta que él las compuso»; que «lo interesante es que, tratando formas y objetos de pequeño tamaño, lo haga con el mismo amor y la misma grandeza poética. Para él, una manzana es tan intensa como el mar, y una abeja, tan sorprendente como un bosque» y, finalmente, que «se puede hacer un poema épico de la lucha que sostienen los leucocitos en el ramaje aprisionado de las venas, y se puede dar una inacabable impresión de infinito con la forma y olor de una rosa tan solo».[56]

---

[55] 13 y 22 vuelven a aparecer un año después en el guion de *Viaje a la luna* (p. 59).

[56] *Conferencias*, I, pp. 102-103 y 105.

«Amantes asesinados por una perdiz» es el poema que reúne el mayor número de reminiscencias literarias, el que parece participar más de la intertextualidad. La forma sintáctica de su título y la falta de «lógica» que este tiene nos remiten al texto de Dalí «Peix perseguit per un raïm» («Pez perseguido por una uva»).[57] El subtítulo —«Hommage à Guy de Maupassant»— sugiere otra dirección muy distinta, pero no enteramente arbitraria. El elemento de relato que tienen los poemas en prosa es enteramente distinto al «realismo» decimonónico de los cuentos de Maupassant, pero, si examinamos su obra, encontramos por lo menos un cuento con curiosos puntos de semejanza. El texto titulado *Amour* se compone, supuestamente, de «páginas del diario de un cazador»; el narrador nos anuncia que acaba de leer un reportaje periodístico sobre un amante que mató a su novia y luego se suicidó, y la aparente intensidad del amor le recuerda un incidente de su juventud. Este tiene que ver con un día de caza; el narrador mata una cerceta, una hembra, y el macho que la acompaña no quiere abandonarla. Su grito desesperado penetra el corazón del narrador; finalmente, se acerca lo suficiente para que el otro cazador (el amigo del narrador) lo mate también. Estos detalles quizá aclaren —hasta cierto punto— una frase que encontramos hacia el final de «Amantes asesinados»: «Solo sé deciros que dos niños que pasaban por la orilla del bosque vieron una perdiz que echaba un hilito de sangre por el pico».

Como en el caso de «Suicidio en Alejandría», encontramos también en «Amantes asesinados» recuerdos de la conferencia lorquiana sobre Góngora: «¿Será posible que del pico de esa paloma cruelísima que tiene corazón de elefante salga la palidez lunar de aquel transatlántico que se aleja?». Por un lado, encontramos esa

---

[57] En este texto, hay también mención de «un soroll semblant al que fa la pluja sobre les perdiuetes» («un ruido parecido al que hace la lluvia sobre las perdicitas»—las pequeñas perdices); *Salvador Dalí escribe a Federico García Lorca*, pp. 77-78.

misma mezcla de lo diminuto (pico, paloma) y de lo enorme (elefante, transatlántico), y la sugestión de la curiosa relación que existe entre ellos, lo que nos remite otra vez a las frases de la conferencia que acaban de citarse. Por otro lado, la descripción de la paloma como cruelísima, y no tierna (recuérdese aquel binomio importante que mencionamos arriba), puede conjugarse con otro aspecto que Lorca observa en la poesía de Góngora: «O llama a la paloma, quitándole con razón su adjetivo de cándida: "Ave lasciva de la Cynia Diosa"».[58]

Además de estas referencias a textos anteriores, «Amantes asesinados» también parece anticiparse a obras lorquianas futuras. La frase «Eran los terribles barqueros del Guadiana que machacan con sus remos todas las rosas del mundo» se alinea con sentimientos similares expresados posteriormente en «New York (Oficina y denuncia)», de *Poeta en Nueva York* («los trenes de rosas maniatadas», p. 252). De igual manera, una formulación del narrador sobre los dos amantes («Una manzana será siempre un amante, pero un amante no podrá ser jamás una manzana») nos conduce directamente a los comentarios sobre Romeo y Julieta que se encuentran en *El público*: «Romeo puede ser un ave y Julieta puede ser una piedra. Romeo puede ser un grano de sal y Julieta puede ser un mapa», mientras que otra cita de «Amantes asesinados» («Yo vi temblar sus mejillas cuando los profesores de la Universidad les traían hiel y vinagre en una esponja diminuta») nos remite al cuadro quinto del mismo drama, donde se habla de profesores universitarios y hay un Desnudo Rojo crucificado en una cama vertical.[59]

---

[58] *Conferencias*, I, p. 115.

[59] «ENFERMERO: Ahora te daré la hiel y luego, a las ocho, vendré con el bisturí para ahondarte la herida del costado» (p. 106).

Como último caso, pondremos el ejemplo de la «Casida del sueño al aire libro», de *Diván del Tamarit*. Un trozo del poema en prosa reza así:

Eran un hombre y una mujer,
o sea,
un hombre
y un pedacito de tierra,
un elefante
y un niño,
un niño y un junco.

Y tres estrofas de la «Casida»:

Si el ciclo fuera un niño pequeñito,
los jazmines tendrían mitad de noche oscura,
y el toro circo azul sin lidiadores,
y un corazón al pie de una columna.

Pero el cielo es un elefante,
y el jazmín es un agua sin sangre,
y la niña es un ramo nocturno
por el inmenso pavimento oscuro.

Entre el jazmín y el toro
o garfios de marfil o gente dormida.
En el jazmín un elefante y nubes
y en el toro el esqueleto de la niña.[60]

Los dos últimos poemas en prosa tienen un fuerte vínculo entre sí, puesto que se trata de dos degollaciones bíblicas: «Degollación del Bautista» y «Degollación de los Inocentes». Parece seguro que

---

[60] *Diván del Tamarit. Seis poemas galegos. Llanto por Ignacio Sánchez Mejías. Poemas sueltos,* pp. 238-239.

Lorca proyectara escribir una tercera «degollación» para completar la serie, porque a finales de 1928 se refirió a un libro en preparación que iba a titularse precisamente *Las tres degollaciones* y que sería publicado por *La Gaceta Literaria*.[61]

«Degollación del Bautista» vuelve a reunir varias de las ideas artísticas y teóricas que ya hemos identificado en textos anteriores; por ejemplo, el deseo de romper con los viejos estilos y con la cultura finisecular parece sugerirse en la frase «las tiendas han arrojado todas las chalinas a la sangre», siendo la chalina esa especie de corbata suelta que se asocia con la moda masculina finisecular (véanse, por ejemplo, las fotos de Oscar Wilde). Además, encontramos de nuevo la conexión entre lo enorme y lo diminutivo, lo cósmico y lo personal, cuando el narrador observa que «el escalofrío de los planetas repercutía sobre las yemas de los dedos». De manera igual, la necesidad de provocar el horror («Hay que ir contra la carne. Hay que levantar fábricas de cuchillos. Para que el horror mueva su bosque intravenoso») nos remite al concepto de la crueldad tratado arriba.

Esto tiene que ver con el motivo central del poema en prosa: el derramamiento de la sangre. La acción de la narración tiene lugar en un espacio donde se combinan, de manera desconcertante, las nociones de un estadio de fútbol (rojo y negro, evocando los uniformes de los dos clubes deportivos), una plaza de toros, una arena o un anfiteatro grecorromano, un palacio bíblico (del Antiguo Testamento) y un altar prehistórico. El público animado y ruidoso

---

[61] Ernesto Giménez Caballero, «Itinerarios jóvenes de España: Federico García Lorca», *La Gaceta Literaria*, II, n.º 47 (1 de diciembre de 1928), p. 6. No queda ningún rastro de este tercer texto, si es que llegó a esbozarse; por supuesto, no se editó en forma de libro. El título original —«Tres degollaciones»— que aparece al principio del manuscrito de la «Degollación del Bautista» enviado a Guerrero Ruiz está tachado: Comincioli, *Federico García Lorca. Textes inédits et documents critiques*, p. 99.

parece ávido de sangre y pide alguna especie de sacrificio ritual: «Se hacía intolerable la presencia de la luna, y se deseaba el toro abierto, el toro desgarrado con el hacha y las grandes moscas gozadoras». La figura del Bautista, según la lógica del discurso, viene a superponerse sobre el animal totémico, y el mismo acto de la degollación se describe en términos que recuerdan a un reportaje taurino: «Primero hizo un profundo ojal en el sitio donde el cuello se desmaya para buscar el hombro. Por allí entró cortando toda la luna y puso lívida la parte superior de la frente. Esto fue lo genial, y lo que los profesionales aplaudieron; lo demás fue pura técnica, sin la menor línea inspirada». Finalmente, los jóvenes muchachos y muchachas se lanzan a ungirse con la sangre derramada, y la escena solo sirve para consolidar la impresión que tenemos de la descripción de alguna práctica sacrificial procedente de la obra clásica de J. G. Frazer *The Golden Bough*.

En conclusión, si el derramar sangre es el motivo central, la actitud con que miramos (o debemos mirar) esto sería el «mensaje» estético, y aquí la perspectiva y el tono del relato definen esta actitud; con la crueldad y/o el horror como punto de partida, «La degollación del Bautista» pone énfasis en el estilo y la técnica, con una comprensión fría, cerebral y distanciada, de lo que sucede; elementos todos que coinciden, una vez más, con la estética daliniana plasmada en su «Sant Sebastià».

Como queda dicho, «Degollación de los Inocentes» tiene muchos vínculos con la otra «degollación», pero a la vez pone su énfasis temático en otra parte. Podemos encontrar rasgos ya familiares, como la íntima conexión entre lo pequeño y lo grande («El aguijón de la abeja hacía posible el manejo de la espada») y entre lo diminuto y lo cósmico («Y rayas de araña sobre las constelaciones»). Hay también indicaciones de una asepsia médica que nos recuerda al Dalí de «Sant Sebastià»: «Una luz de clínica venció al fin a la luz untosa del hospital. Ya era posible operar con todas garantías. Yodoformo y violeta, algodón y plata de otro mundo». Aquí, por supuesto, las sugerencias de una clínica, de un hospital o de un quirófano son más literales que figuradas, convirtiendo así la masacre de los niños en una especie de intervención quirúrgica masiva.

Además de esto, las actitudes ante las acciones y los sucesos narrados son ambiguas y, aunque hay algunas indicaciones de culpa o de pena («Hay personas que se arrojan desde las torres a los patios y otras desesperadas que se clavan tachuelas en las rodillas»), el tono predominante es de participación voluntaria e incluso de regocijo: «¡Alegrísima degollación!»; «¡Venid! ¡Venid! Aquí está mi hijo tiernísimo, mi hijo de cuello fácil. En el rellano de la escalera lo degollarás fácilmente». El binomio crueldad-ternura reaparece también, pero con los términos desplazados: «Cuando se vuelvan locas las madres querrán construir una fábrica de sombreros de pórfido, pero no podrán nunca con esta crueldad atenuar la ternura de sus pechos derramados»; el acto de construir la fábrica o de llevar esos irreales sombreros tan pesados se presenta como una «crueldad», crueldad que paradójicamente debe aliviar su dolor por los niños «recién cuajados», a quienes ya no pueden dar de mamar. Además, con una inversión completa de los valores convencionales, el narrador anónimo asevera a continuación que «si meditamos y somos llenos de piedad verdadera daremos la degollación como una de las grandes obras de misericordia. Misericordia de la sangre ciega que quiere, siguiendo la ley de su naturaleza, desembocar en el mar».

El énfasis insistente en la sangre, en la sangre libre, «natural», nos remite a otros textos de Lorca y de Dalí. De gran importancia es, creo, un trozo de una carta que Lorca escribió a Dalí justo después de los tres meses que pasaron juntos en la primavera y el verano de 1927. En ella hace referencia a cuadros en los que trabajaba entonces Dalí, sobre todo a *La miel es más dulce que la sangre* y, sin duda, a discusiones estéticas que ellos mantuvieron: «Desde aquí siento (¡ay, hijo mío, qué pena!) el chorrito suave de la bella sangrante del bosque de aparatos [...]. La mujer seccionada es el poema más bello que se puede hacer de la sangre y tiene más sangre que toda la que se derramó en la Guerra Europea, que era sangre *caliente* y no tenía otro fin que el de *regar* la tierra y aplacar una sed simbólica de erotismo y fe. Tu sangre pictórica y en general toda la concepción plástica de tu estética fisiológica tiene un aire concreto y tan proporcionado, tan lógico y tan verdadero, de pura poesía que adquiere la categoría *de lo que nos es necesario* para vivir. | Se puede decir: "Iba cansado y me senté a la sombra y frescura de *aquella sangre*"» (¿1? de agosto de 1927).[62]

También hay similitudes con el texto de Dalí «La meva amiga i la platja», «prosa» en la que se desarrollan las ideas expresadas en «Sant Sebastià» y que, como ya hemos notado, guarda un fuerte parentesco con *La miel es más dulce que la sangre*. En este texto, los motivos de la automutilación y el derramamiento de sangre sirven como vehículos de la expresión de una determinada sensibilidad estética (el extremo de la objetividad, aplicada al caso igualmente extremo del cuerpo humano).[63] A la luz de estas comparaciones y conexiones, «Degollación de los Inocentes» parece proponer, por un lado, una percepción de la realidad y su representación artística bastante parecidas a las que plasma Lorca en el concepto de «sangre pictórica» y las que propone Dalí en «La meva amiga»; recuérdense que se trata de una «alegrísima degollación» y que se presenta como una «obra de misericordia», libertando a «la sangre ciega que quiere, siguiendo la ley de su naturaleza, desembocar en el mar». Por otro lado, no hay que olvidar que el acto en cuestión implica

---

[62] *Epistolario completo.*

[63] «La meva amiga està ajaguda amb les extremitats tendrament seccionades […]. Tot seguit vaig adonar-me, però, que el nen tot just nascut no era altra cosa que la sina rosa de la meva amiga» («Mi amiga está tendida con las extremidades tiernamente seccionadas […]. Pero enseguida me di cuenta de que el niño recién nacido no era más que el seno rosa de mi amiga»). Véanse María Teresa Pao, p. 481, y la sección de su tesis dedicada a este texto daliniano, pp. 296-308, y Mario Hernández, «García Lorca y Salvador Dalí…», p. 305.

cortar la cabeza, la cual, por metonimia, representa el cerebro y el razonamiento. La degollación connota, entonces, la eliminación de estos elementos, dejando el camino libre, se supondría, para otros y nuevos medios de percepción, en especial el instinto (corporal); a su vez, esta escala de prioridades se acerca, aunque no creemos que coincida, con los imperativos del surrealismo y su valoración de la subconciencia.[64]

LOS DIBUJOS LORQUIANOS PUBLICADOS CON LOS *POEMAS EN PROSA*

La máxima demostración del estrechísimo vínculo entre poema (o prosa) y dibujo que existía en el pensamiento de Lorca durante este período, vínculo que ya hemos analizado en cierto detalle, se encuentra en *L'Amic de les Arts,* donde dos poemas en prosa aparecieron al lado de dos dibujos suyos, y en la frustrada publicación en *Verso y Prosa,* donde otros dos poemas en prosa se habrían presentado al lado de otros tres dibujos. Además, como complemento a estos ejemplos fundamentales, se puede citar el caso de *Ddooss,* donde al lado de «Amantes asesinados por una perdiz» se reprodujo uno de los *Autorretratos* que pertenecen a la serie neoyorquina, o incluso el de *La Gaceta Literaria,* donde un dibujo reciente de Dalí sirvió de ilustración para la «Degollación de los Inocentes».
Los dos dibujos en *L'Amic,*[65] representaciones muy esquemáticas de una persona y de dos personas abrazándose o besándose, no llevan título, y no queda del todo claro qué dibujo hace pareja

---

[64] Cfr. el comentario de Vicente Aleixandre: «Mejor dicho hace un mes he visto de Lorca una cosa en *La Gaceta* que viene del superrealismo: "La Degollación de los Inocentes". Vamos por distintos caminos» (carta a Juan Guerrero Ruiz del 1 de abril de 1929: Aleixandre, *Epistolario,* p. 59). Aunque la «estética» propuesta parece vincularse hasta cierto punto con el surrealismo, no creemos que el *estilo* del mismo texto reproduzca la manera de escribir del movimiento francés.

[65] *Libro de los dibujos,* n.ᵒˢ 143 y 144.

con qué poema en prosa, puesto que ambos contienen referencias a abrazos. En el momento de enviarle una muestra de su producción dibujística, Lorca había escrito a Gasch: «Si te gustan los dibujos dime cuál o cuáles piensas publicar y te mandaré sus poemas correspondientes».[66] Estilísticamente, los dos reproducidos guardan algún parentesco con otros dibujos de 1927 y 1928, pero también, y sobre todo por el tratamiento de los ojos y las manos, anticipan varios que datan del período neoyorquino. Los tres que casi seguramente iban a ilustrar los textos en *Verso y Prosa* se titulan *Sirena, Suplicio del patriarca san José* y *Epitalamio*.[67] *Sirena* y *Epitalamio* son, relativamente hablando, más abstractos, aunque todavía se pueden reconocer, en el primero, la caballera de la sirena y un pez en el agua y, en el otro, pelo púbico y un sexo femenino. *Suplicio del patriarca san José* es, en comparación, bastante más figurativo, con el dibujo de un hombre desde la cabeza hasta las rodillas y una multiplicidad de detalles —entre ellos, cabellera, barba, venas, pelo púbico y sexo masculino— encima. *Autorretrato (Ddooss)* ostenta varios rasgos típicos de la época 1929-1930: las cejas peludas, las lunas en la cara (lunares) y las manos con dedos largos. El dibujo de Dalí *(Gaceta Literaria)* presenta un torso con un brazo cortado, venas visibles en el otro brazo y, en lugar de una cabeza humana, una forma fantástica con algo de un garabato.

Ya hemos comentado la suerte de igualación que Lorca establece entre el dibujo y la poesía y, por consiguiente, valdría la pena citar algunos de los comentarios que hace acerca de la composición de dibujos en su correspondencia con Sebastià Gasch. La misma experiencia se presenta de dos modos algo distintos. El 25 de agosto de 1927 le escribe que «pongo toda mi alma y toda *mi*

---

[66] *Epistolario completo,* p. 585.

[67] *Libro de los dibujos,* n.ºs 133, 142 y 147. Esta adscripción se debe al hecho de que, en el momento de preparar el *Libro de los dibujos,* los tres se hallaban en posesión de Juan Luis Guerrero Aroca, hijo de Juan Guerrero Ruiz.

tinta china en hacerlos [...]. Estoy alegre con mis dibujos y [...] vivo al hacerlos momentos de una intensidad y de una pureza *que no me da* el poema».[68] Mientras que dos días después (el ¿27? de agosto), esa «intensidad» y «pureza» se convierten en una especie de disponibilidad creativa que le permite explorar zonas y percepciones nuevas y tal vez inéditas: «me encuentro en estos momentos con una sensibilidad ya casi física que me lleva a planos donde es difícil tenerse de pie y donde casi se vuela sobre el abismo.[69] [...] mis ojos y mis palabras están en otro sitio. Están en la inmensa biblioteca que no ha leído nadie, en un aire fresquísimo, país donde las cosas bailan sobre un solo pie».[70]

El otro aspecto que aborda Lorca en estas cartas es su método compositivo, donde describe dos maneras distintas: «Ya me voy *proponiendo* temas antes de dibujar, y consigo el *mismo* efecto que cuando no pienso en nada» (¿27? de agosto de 1927).[71] Entra en bastante más detalle al desarrollar estas dos alternativas en una misiva ligeramente posterior (de septiembre de 1927). Una prescinde del intelecto dirigente, dejando espacio para el libre juego de la intuición: «Abandonaba la mano a la tierra virgen y la mano junto con mi corazón me traía[n] los elementos milagrosos. Yo los descubría y los anotaba. Volvía a lanzar mi mano, y así, con muchos elementos, escogía los característicos del asunto o los más bellos e inexplicables, y componía mi dibujo». Este procedimiento puede lograr, siempre según Lorca, una «armonía de líneas que no

---

[68] *Epistolario completo,* p. 513.

[69] Matiza este concepto del abismo en una carta posterior: «Yo estoy y me siento con pies de plomo en arte. El abismo y el sueño los temo en la realidad de mi vida» (*Epistolario completo,* p. 520).

[70] *Epistolario completo,* p. 516.

[71] *Epistolario completo,* p. 516.

había pensado, ni soñado, ni querido, ni estaba inspirado»;[72] líneas que captan «el retrato exacto, la emoción pura» del tema que no se había propuesto de antemano.

La otra alternativa invierte el orden, puesto que ahora se establece la meta antes de emprender la búsqueda: «Unos dibujos salen así […] y otros buscándolos en el sitio *donde se sabe de seguro* que están. Es una pesca. Unas veces entra el pez solo en el cestillo y otras se busca la mejor agua y se lanza el mejor anzuelo a propósito para conseguirlo. El anzuelo se llama *realidad*». Cuando Lorca sigue este método, en todo momento tiene plena conciencia de su propósito: «He procurado escoger los rasgos esenciales de emoción y de forma, o de super-realidad y super-forma, para hacer de ellos un *signo* que, como llave mágica, nos lleve a *comprender mejor* la realidad que tienen en el mundo». Por consiguiente, aunque los dibujos que produce sean poco figurativos, «en estas abstracciones mías veo yo realidad creada que se une con la realidad que nos rodea, como el reloj concreto se une al concepto de tiempo de una manera como lapa en la roca».[73] Tanto las distintas experiencias de hacer dibujos como los dos métodos de que dispone echan bastante luz sobre la redacción de los poemas en prosa y, *mutatis mutandis,* podrían servir para ampliar y profundizar nuestra apreciación de los procesos compositivos que emplea con estos textos.

LOS TEXTOS EN APÉNDICE

Más allá de los seis poemas en prosa acabados, hemos añadido en el apéndice cinco textos suplementarios que guardan un parentesco más o menos estrecho con ellos. «*Coeur* azul. Corazón

---

[72] *Epistolario completo,* pp. 518-519.

[73] *Epistolario completo,* pp. 519-520.

bleu» parece ser el borrador de un poema en prosa, probablemente inconcluso y nunca publicado; el fragmento de «Mi amor en el baño» sería el principio de otro, luego aparentemente abandonado y descartado. Es difícil determinar el género preciso de «Meditaciones a la muerte de la madre de Charlot»; aunque no coincide exactamente con los rasgos estilísticos que se observan en los seis poemas en prosa, por la simultaneidad de su fecha de composición y sus características experimentales, merece incluirse aquí. Igualmente, «La gallina» parece más cuento que poema en prosa, pero otra vez, por la cronología y su destacado aire vanguardista, se ha incluido en el apéndice. Finalmente, el diálogo «Corazón *bleu* y *coeur* azul» es más bien un texto teórico que imaginativo, pero, por el vínculo con «*Coeur* azul. Corazón *bleu*» y por el hecho de que las ideas que se ventilan sean sumamente pertinentes a los poemas en prosa, también halla su lugar aquí.

«*Coeur* azul. Corazón *bleu*» se asemeja bastante a «Nadadora sumergida»; otra vez nos movemos en el mundo de la alta sociedad (Biarritz, el Casino, el príncipe de Gales…) y otra vez, igualmente, el tema aparente es la relación amorosa problemática entre el narrador/protagonista y su «amiga», a quien se dirige a lo largo del texto; hasta hay una referencia a «un abrazo bien dado». Los puntos de contacto con el mundo imaginativo de Dalí también afloran en las menciones de los insectos, del jazz y el saxofón y, sobre todo, en el tratamiento de la «amiga mía gimnástica», el cual establece una conexión con «La meva amiga i la platja», donde se nota que «La meva amiga s'entrena cada matí amb un *punching ball*» («Mi amiga se entrena cada mañana con un *punching ball*»). Finalmente, tal como en el caso de «Amantes asesinados por una perdiz», hay por lo menos una frase que parece anticiparse al mundo de *El público* y *Viaje a la luna,* donde el narrador ordena a su amiga: «Deja tu sistema de venas en un maniquí».

A pesar de tener un título tan semejante, «Corazón *bleu* y *coeur* azul» es un texto radicalmente distinto: se trata de un diálogo sobre temas estéticos entre dos personas, «Yo» (luego denominado «Poeta») y «Mi amigo», a quienes es muy fácil identificar como el mismo Lorca y Salvador Dalí, respectivamente. El diálogo reproduce frases e imágenes que aparecen en la prosa de Dalí «Peix perseguit per un raïm»,[74] y sabemos que Dalí envió una copia mecanografiada de la versión castellana a Lorca probablemente en noviembre de 1927.[75] De esta manera, es muy verosímil situar la composición de «Corazón *bleu*» a finales de 1927 o principios de 1928, aunque da la impresión de reproducir, reconstruir o sintetizar conversaciones mantenidas entre Lorca y Dalí durante su visita catalana de la primavera y el verano de 1927. Además, el debate real o imaginario sostenido a lo largo de estas líneas debe recordarnos unos versos de la «Oda a Salvador Dalí», inspirada en la primera visita de 1925 y compuesta durante los primeros meses de 1926: «No es el Arte la luz que nos ciega los ojos. / Es primero el amor, la amistad o la esgrima» (vv. 100-101). En efecto, se halla aquí una esgrima intelectual entre los dos interlocutores que marca las distancias entre sus posiciones estéticas respectivas.

---

[74] «Pez perseguido por una uva» contiene referencias a una «pequeña sal», a «mi amiga mirando bizco y arrugando la naricita como una pequeña bestia», a «una aceituna» y a «aquel turbador burro podrido con la cabeza de ruiseñor». En «Corazón *bleu*», se asevera que un zapato «puede ir con una aceituna o con una nariz» y que «yo he visto un burro con cabeza de ruiseñor y una gran ola como tres leones de agua, detenida por el pavor que le causaba un granito de sal».

[75] Lorca cita una frase de la prosa en una carta fechada en noviembre/principios de diciembre de 1927: *Epistolario completo,* pp. 532-533 y n. 351. Por otro lado, la versión castellana mecanografiada no debe de haber acompañado a la carta xxxii de Dalí a Lorca (asignada por Santos Torroella también en noviembre de 1927), tal como se propone en *Salvador Dalí escribe a Federico García Lorca* (p. 141), puesto que faltan en el texto mecanografiado los números y otros detalles en los que hace hincapié Dalí en su carta. Una reproducción en facsímil de «Pez perseguido» aparece en las pp. 76-79; la composición daliniana llegaría a publicarse como «Peix perseguit per un raïm» en *L'Amic de les Arts* en septiembre de 1928.

Aunque el «poeta» (Lorca) dice que no hace asociaciones manidas (por ejemplo, no asocia ascensor con escaleras, sino con el desierto o la mesa del café), no obstante, sí tiene una capacidad o una tendencia a establecer conexiones entre las cosas, aun (tal vez, sobre todo) cuando parecen no tener nada en común. Al afirmar que «veo el hilo quebradizo que una a todas las cosas con cada cosa y a cada cosa con todas las demás», casi coincide con las ideas de Vicente Huidobro y su estética creacionista. Opinaba el chileno, por ejemplo, que el poeta «tiende hilos eléctricos entre las palabras», que «ve los lazos sutiles que se tienden las cosas entre sí» y que «es aquel que sorprende la relación oculta que existe entre las cosas más lejanas, los ocultos hilos que las unen».[76]

Como era de esperar, el «amigo» reacciona ante esta posición delineada en el primer párrafo: para él no son las relaciones las que son importantes —incluso hay que romperlas—, sino las cosas en sí mismas puestas en libertad, que solo así serán percibidas objetivamente en toda su belleza y con todo su potencial; para el amigo, es precisamente aquí donde reside la «verdadera poesía».[77]

---

[76] Huidobro, *Poética y estética creacionistas:* citas de «La poesía», pp. 126 y 127, y «Manifiesto de manifiestos», pp. 148-149. Sobre las similitudes entre las ideas poéticas de Huidobro y Lorca durante esta época, véase mi artículo «Lorca at the Crossroads», sobre todo, pp. 157-158.

[77] Vale la pena comparar la actitud que Lorca atribuye a Dalí aquí con lo que el mismo Dalí escribió en fechas cercanas, en un texto incompleto que aparece en el dorso de un dibujo de un asno rodeado de números: «Si digo la rosa de sus labios, se trata de una metáfora impura, ya que nos valemos de unir dos cosas distintas por una pura semejanza plástica y no lírica. Tanto es así que se puede explicar si la rosa es roja la uva también. La rosa tiene color de sangre y la sangre color de rosa. Su boca tiene perfume como una flor está, etc, etc. | En cambio, digo la uva de su espalda: he realizado una metáfora puramente literaria, que no se puede explicar más que por el milagro lírico». El texto transcrito procede de Dalí, *Lletres i ninots*, p. 113.

El «poeta» parece no entender el cambio de perspectiva radical que está proponiendo su amigo y por el momento se aferra a la imagen poética (símil, metáfora, etc.). Este empieza a irritarse, le interrumpe y ofrece varios ejemplos de cosas en libertad: zapato, aceituna, nariz. En este punto el poeta abandona su postura inicial y lanza un nuevo término para describir estas cosas aisladas: «hecho poético».[78] Aunque el amigo puede aceptar este término más fácilmente (puesto que no implica *relaciones,* como hacía el concepto de «imagen»), al principio reacciona contra el adjetivo «poético»: «No. Poético no, real, realísimo, vivo». Pero luego matiza su actitud y acepta la palabra «poético» si se piensa en el tipo de «verdadera poesía» que él ya había definido —las cosas en sí mismas—, y no en lo convencionalmente lírico de los poetas.

En las últimas frases del texto, el amigo desarrolla más su teoría de cosa, objeto, concepto o hecho: no son exclusivamente esas cositas concretas —«les cosetes» de Dalí—, pequeños objetos físicos contemplados en aislamiento, sino que también pueden ser combinaciones de objetos, aunque siempre combinaciones que no implican, de ninguna manera, relaciones. Esta idea le permite llegar a la afirmación más «extravagante» o estrambótica del diálogo; afirmación que es, a la vez, muy característica de los escritos creativos coetáneos de Dalí: «yo he visto un burro con cabeza de ruiseñor y una gran ola como tres leones de agua, detenida por el pavor que le causaba un granito de sal».

Lamentablemente, el diálogo queda trunco aquí, sin darnos la reacción del poeta. Pero esta puede deducirse de otras fuentes como, por ejemplo, el fragmento de la carta de Lorca a Dalí, de noviembre o principios de diciembre de 1927, donde elogia los textos

---

[78] Este concepto ocupa una posición central en la conferencia de Lorca del otoño de 1928, «Imaginación, inspiración, evasión». He estudiado detenidamente el uso del término por parte de Dalí y de Lorca y sus orígenes en autores anteriores (sobre todo, franceses) en mi artículo ya citado: «Lorca at the Crossroads».

que Dalí acaba de mandarle («Hay en tus últimas cosas un encanto», «La aceituna con falditas es tan alegre»)[79] y, evidentemente, la conferencia «Imaginación, inspiración, evasión», donde se recogen y elaboran muchas de las ideas del diálogo y se presenta el «hecho poético» como una clave de la teoría propuesta allí. En suma, el diálogo es un texto importante para entender las relaciones entre Lorca y Dalí, la interacción de sus posiciones estéticas y el desarrollo de las ideas teóricas de Lorca durante 1927 y 1928.[80]

«Meditaciones a la muerte de la madre de Charlot» parece ser un texto velada o indirectamente autobiográfico más que teórico-estético, aunque estas categorías se acercan mucho en el mundo lorquiano y se cruzan a menudo. La figura de Charlot atrae a Lorca por varias razones: la primera siendo, evidentemente, porque se veía a sí mismo retratado en el cómico del cine mudo. Como ha señalado Christopher Maurer, «la [figura] de Charlot parece ejemplificar una actitud hacia la vida (norma de alegría en medio del dolor) y hacia el arte. Como todo "clown", como los innumerables pierrots que dibujó García Lorca a lo largo de los años 20 y 30, Charlot invitaba a meditar sobre una doble realidad: la tristeza íntima y la alegría exterior. Este contraste se sentía en el caso de Charlot con fuerza inusitada».[81] Además, Chaplin era, otra vez como Lorca, víctima de la «fama estúpida»,[82] asediado constantemente por admiradores y periodistas; seis semanas después de la publicación sensacional de *Romancero gitano* y su éxito inmediato y abrumador, este era otro motivo por el cual Lorca debía de identificarse fuertemente con Charlot.

---

[79] *Epistolario completo,* pp. 532-533.

[80] Véase también Anderson, «"Corazón *bleu* y *coeur* azul": Dalí y Lorca en diálogo».

[81] Maurer, «Millonario de lágrimas».

[82] *Epistolario completo,* p. 577.

El simbolismo del texto añade otro nivel de significación a los temas ya apuntados; queda bastante claro que Lorca asocia a Charlot con Cristo y, por ende, a su madre con la Virgen María —en una frase luego borrada, esta se llama «Mater Comicosa» (y no Dolorosa)—. A ella le dirige quien habla en el texto la pregunta retórica: «¿Quién fue el primero que puso a tu hijo los pantalones de Caifás[83] y el sombrero de espinas?», combinando así la corona con el característico hongo chaplinesco. Charlot también aparece como una figura de generosidad desinteresada, de altruismo extremo, de autosacrificio: «Al muerto le da su bigotito universal y precioso, al hambre le da su serenidad, a la tempestad desencadenada el vaivén inefable de sus hombros». Y, además de Cristo, la sección del texto titulada «Transverberación de Charlot» pinta al cómico también como una especie de nueva santa Teresa.

En cuanto a la teoría artística, hay menos referencias directas, pero se destaca por lo menos una: en un momento dado, cuando se describe a Charlot llorando por los peces de colores, el «narrador» del texto observa que «en ninguna estética se ha usado el llanto de esta manera tan pura» y, a continuación, afirma que «Charlot hace del llanto causa, fuente aislada sin relaciones con el tema que lo produce. Llanto redondo. Llanto en sí mismo». Aunque enfocado en este caso en el *llanto*, la descripción coincide exactamente con lo que sabemos del «hecho poético»; independiente, aislado, sin relaciones, existente en sí mismo. Por consiguiente, la manera adoptada aquí de presentar la llamada «estética» de Charlot («En ninguna estética…, etc.») sugeriría que tanto en su vida como en sus películas (hay varias alusiones en las «Meditaciones» a escenas de estas) podría coincidir exactamente con la noción del hecho poético ya analizada y con todo lo que este connota en cuanto a la experiencia artística.

---

[83] Sumo sacerdote judío y, según los Evangelios, uno de los responsables de la muerte de Cristo. Lorca parece aludir a los pantalones holgados asociados con muchas culturas del Medio Este.

«La gallina» se presenta como un «cuento para niños tontos» y su «protagonista» se anuncia desde el primer momento como una gallina completamente idiota. La combinación de lo tonto y lo idiota quizá explique, en parte, la falta de lógica en el relato, que se elabora según un proceso que podría recordarnos al automatismo, pero que igualmente podría atribuirse al tipo de asociación a veces arbitraria que exhiben los niños muy jóvenes; es decir, más allá del tono de narración, que recuerda a veces al cuento infantil, la lógica —o falta de ella— en la estructura del relato podría provenir también de lo infantil. A pesar de esto, el texto todavía mantiene algunos elementos de un cuento convencional: hay un principio (casi el clásico «Érase una vez»), hay alusiones posteriores a cosas establecidas anteriormente en el texto e indicaciones cronológicas (así, la frase «una noche la luna estaba repartiendo bofetadas a las gallinas» remite a la afirmación previa de que «en las noches de invierno la luna de las aldeas da grandes bofetadas a las gallinas»). De todos modos, Lorca parece estar jugando con cómo leemos, con nuestras expectativas como lectores y con la mezcla de elementos perfectamente intrascendentes con otros temas más graves (Dios, la belleza, la violencia, la muerte, etcétera).

La última obra que vamos a comentar aquí, «Mi amor en el baño», es un pequeño fragmento de texto luego descartado y tachado. El manuscrito donde aparece el fragmento, el tono del texto y algunas frases e imágenes concretas prueban, casi con toda seguridad, que iba a ser otro poema en prosa. La autodisección o automutilación recuerda otra vez a composiciones de Dalí (como «La meva amiga i la platja»), y el hecho de que la acción ocurra en el cuarto de baño y la referencia a la bañera pura sugieren un cuerpo desnudo (de «mi amor»). La frase «el sistema de venas latía sobre un maniquí» remite a una expresión casi idéntica en *Coeur azul. Corazón bleu*» («Deja tu sistema de venas en un maniquí»), aunque aquí Lorca va más allá y «separa» (o «divide», como reza el texto) también los sistemas muscular y nervioso. Según hemos dicho ya, estos motivos del sistema arterial, del maniquí, de las «capas» del cuerpo humano, reaparecerían en otras obras vanguardistas posteriores, sobre todo en *Viaje a la luna* y *El público*. Esta es una prueba más de la continuidad de la experimentación literaria de Lorca desde 1927 hasta 1930 (en los dos casos citados) y es otra señal del impacto duradero y significativo que la redacción de los textos que ahora editamos tuvo en su obra y en su estética.

ANDREW A. ANDERSON

BIBLIOGRAFÍA

1. FUENTES DE LOS TEXTOS DE FEDERICO GARCÍA LORCA

A. *Poemas en prosa*

* «Santa Lucía y san Lázaro», *Revista de Occidente* (Madrid), tomo XVIII, n.º 53 (noviembre de 1927), pp. 145-155.

* «Nadadora sumergida (Pequeño homenaje a un cronista de salones)», *L'Amic de les Arts* (Sitges), III, n.º 28 (31 [sic] de septiembre de 1928), p. 218.

NOTA: un autógrafo original se conserva en el archivo del Centro Federico García Lorca (signatura M-Lorca pro PRO-9[19]). En este manuscrito, el título original es «Técnica del abrazo», con el subtítulo de «(Poema aclaratorio de varias actitudes)», luego tachados y sustituidos por «Últimos abrazos: Pequeño homenaje a un cronista de salones». Escrito a lápiz con algunas correcciones a lápiz y a tinta, está fechado —también a tinta— en «4 Septiembre 1928». De este autógrafo original Lorca debe de haber sacado una copia en limpio para enviar a Gasch (véase la carta de Lorca a Gasch de mediados de septiembre de 1928).[84]

Adjuntos a esta carta iban también dos dibujos, que también se reprodujeron en *L'Amic:* uno representa de modo esquemático una figura y el otro, dos figuras que parecen estar abrazándose o besándose. Por su condición sin título, su posición en la página con respecto a los textos y el hecho de que en ambas composiciones se mencionen abrazos, no es posible averiguar con certidumbre qué dibujo corresponde a qué poema en prosa.

* «Suicidio en Alejandría», *L'Amic de les Arts* (Sitges), III, n.º 28 (31 [sic] de septiembre de 1928), p. 218.

---

[84] *Epistolario completo,* pp. 588-589.

NOTA: un autógrafo original se conserva en el archivo del Centro Federico García Lorca (signatura M-Lorca pro PRO-9[15]). Escrito a lápiz con correcciones también a lápiz, no está fechado. Como en el caso anterior, de este Lorca debe de haber sacado una copia en limpio para enviar a Gasch (véase la misma carta de Lorca a Gasch de mediados de septiembre de 1928).

* «Amantes asesinados por una perdiz (Hommage à Guy de Maupassant)», *Ddooss. Revista de poesía* (Valladolid), n.º 3 (marzo de 1931), pp. 13-16.

NOTA: esta obra iba a publicarse en *Verso y Prosa* (Murcia), n.º 13 (diciembre de 1928/enero de 1929), pero la revista no sobrevivió más allá de su número 12, de octubre de 1928. El manuscrito mandado para su publicación allí y una prueba de imprenta corregida por Lorca se conservan en los archivos de Juan Guerrero Ruiz, codirector de *Verso y Prosa* (custodiados hoy día en la sala Zenobia-Juan Ramón de la Universidad de Puerto Rico, Río Piedras). Un facsímil de este manuscrito, escrito a lápiz con correcciones a lápiz y alguna corrección posterior a tinta, se halla en García Lorca, *Manuscritos neoyorkinos,* pp. 144-149 (facsímiles de dos trozos del manuscrito también aparecen en Llera Ruiz, «La perdiz de Federico García Lorca», pp. 164 y 166). Una transcripción del manuscrito, con indicaciones de las pocas correcciones de Lorca hechas sobre la prueba de imprenta, aparece en Comincioli, *Federico García Lorca. Textes inédits et documents critiques,* pp. 116-123. Estos textos de 1928 presentan muchas variantes con respecto a la versión impresa de *Ddooss.*

Adjuntos a una carta de Lorca a Guerrero Ruiz, que acompañaba las pruebas de imprenta de «Amantes asesinados» y de «Degollación del Bautista» (véase abajo), iban tres dibujos que —como en el caso paralelo de *L'Amic de les Arts*— iban a reproducirse al lado de los dos poemas.[85] Con toda probabilidad estos dibujos eran *Sirena, Suplicio del patriarca san José* y *Epitalamio* (números 133, 142 y 147 del catálogo de Hernández, *Libro de los dibujos*).

Existe también una tercera versión de la obra con otras variantes menos numerosas. Este texto mecanografiado fue entregado por Lorca a su amigo Miguel Benítez Inglott, quien a su vez lo pasó a Rafael Roca Suárez. El documento, que se hallaba en un estado bastante deteriorado, fue proporcionado por Roca para su publicación en facsímil en «Homenaje a Maupassant», *Planas de Poesía* (Las Palmas de Gran Canaria), xi (21 de diciembre de 1950), pp. 11-16, y esta es la versión reproducida por la edición de Aguilar de las *Obras completas.* Aunque no hemos podido comprobarlo, sospechamos que se trata de una copia mecanografiada por Juan Guerrero Ruiz para enviar a la imprenta. Si este es efectivamente el caso, Guerrero debe de haber mandado esta copia a Lorca al lado de la prueba de imprenta, o debe de habérsela devuelto en una ocasión posterior, puesto que las correcciones a lápiz hechas por Lorca sobre el mecanografiado acercan el texto a la versión publicada en *Ddooss.* Se desconoce el paradero actual de este documento.

En *Ddooss* se reprodujo en la página anterior al principio del texto (p. 12) un dibujo lorquiano titulado *Autorretrato* que, por su temática y estilo, se relaciona con la serie de autorretratos producidos durante el período neoyorquino.

* «Degollación del Bautista», *Revista de Avance* (La Habana), v, n.º 45 (15 de abril de 1930), pp. 104-106.

Nota: en la *Revista de Avance,* el texto está fechado en «Agosto, 1928». Como en el caso anterior, esta obra iba a publicarse en

---

[85] *Epistolario completo,* p. 600.

Verso y Prosa (Murcia), n.º 13 (diciembre de 1928/enero de 1929), pero la revista no sobrevivió más allá de su número 12 de octubre de 1928. El manuscrito mandado para su publicación allí (escrito a tinta negra sobre cuatro folios) y una prueba de imprenta corregida por Lorca se conservan en los archivos de Juan Guerrero Ruiz, codirector de *Verso y Prosa;* estas versiones de 1928, que presentan bastantes variantes con respecto a la de la *Revista de Avance,* están transcritas en Comincioli, *Federico García Lorca. Textes inédits et documents critiques,* pp. 98-107.

Existe, además, una tercera versión de la obra con otras variantes menos numerosas. Es un texto mecanografiado hecho en papel de cartas (cinco hojas) con el membrete de «Juan Guerrero Ruiz. Merced, 22. Tel. 630» y lleva correcciones autógrafas de Lorca encima; se conserva en el archivo del Centro Federico García Lorca (signatura M-Lorca pro PRO-9[14]). Como en el caso anterior, esta sería la copia realizada por Guerrero a base del manuscrito y devuelta a Lorca antes de junio de 1929. Por los apuntes en inglés que aparecen en el dorso de la quinta hoja, es evidente que Lorca tenía esta copia consigo en Estados Unidos. Las numerosas correcciones autógrafas hechas a tinta negra sobre el mecanografiado deben de corresponder a la época americana, puesto que estas acercan el texto a la versión publicada en la *Revista de Avance* en la primera de 1930 (justo como las efectuadas sobre el mecanografiado de «Amantes asesinados» conducen a la versión de *Ddooss*). Esta versión es, además, la que se publicó en la edición de Aguilar de las Obras completas.

* «Degollación de los Inocentes», *La Gaceta Literaria* (Madrid), III, n.º 50 (15 de enero de 1929), p. 1.

B. Apéndice

* *«Coeur* azul. Corazón *bleu»,* Federico García Lorca, *Obras completas, I: Poesía,* ed. Miguel García-Posada (Barcelona: Círculo de Lectores/Galaxia Gutenberg, 1996), p. 752.

Nota: el autógrafo se conserva en el archivo del Centro Federico García Lorca (signatura M-Lorca pro PRO-9[17]).

* «Corazón bien y *Coeur* azul», Federico García Lorca, *Poemas en prosa,* ed. Andrew A. Anderson (Granada: Comares, 2000), pp. 91-92.

Nota: el autógrafo se conserva en el archivo del Centro Federico García Lorca (signatura M-Lorca pro PRO-9[18]).

* «Meditaciones a la muerte de la madre de Charlot», ed. Christopher Maurer, *El País* (Madrid), 3 de diciembre de 1989, pp. 14-15.

Nota: el autógrafo incompleto (faltan las páginas 1 y 10-11) se conserva en el archivo del Centro Federico García Lorca (signatura M-Lorca pro PRO-9[16]).

* «La gallina (Cuento para niños tontos)», *5. Revista quincenal* (Vitoria), n.º 3 (mayo de 1934), pp. 8-9.

Nota: probablemente compuesto en el verano de 1928. Esta fecha se desprende de unas referencias a un «libro» titulado *Idiota = Gallina = Kodak* que aparecen en dos cartas del arquitecto Luis Lacasa a Lorca, del 9 y del 18 de agosto de 1928.[86] Lacasa iba a hacer las ilustraciones para el libro en cuestión, sobre unos textos que Lorca debía enviarle. Pero es casi seguro que estos textos nunca llegaron y que el proyecto fue pronto olvidado.

---

[86] Archivo del Centro Federico García Lorca. Véase también *Epistolario completo,* pp. 571-572, n. 473, y p. 584, n. 501.

* «Mi amor en el baño», Federico García Lorca, *Poemas en prosa,* ed. Andrew A. Anderson (Granada: Comares, 2000), p. 103.

NOTA: el fragmento autógrafo proviene de la cuarta y última página del manuscrito original de «Suicidio en Alejandría» (véase arriba). Todo el texto está tachado fuertemente con dobles rayas diagonales. Una traducción al inglés se publicó en *Collected Poems* (1991), como parte de la nota correspondiente a «Suicidio en Alejandría» (p. 838).

2. OTRAS EDICIONES Y TEXTOS CRÍTICOS

ALEIXANDRE, Vicente. *Epistolario. De Vicente Aleixandre a Juan Guerrero y a Jorge Guillén,* ed. Gabriele Morelli (Madrid: Caballo Griego para la Poesía/Fundación Generación del 27, 1998).

ALONSO VALERO, Encarna. «Federico García Lorca: "Nadadora sumergida. Pequeño homenaje a un cronista de salones"», en ed. Encarna Alonso Valero (ed.), *El patrón poético español en el primer tercio del siglo XX (1900-1936). Antología comentada,* (Madrid: Visor, 2024), pp. 107-114.

ANDERSON, Andrew A. «Lorca at the Crossroads: "Imaginación, inspiración, evasión" and the "novísimas estéticas"», *Anales de la Literatura Española Contemporánea,* XVI (1991), pp. 149-173.

ANDERSON, Andrew A. «Sebastià Gasch y Federico García Lorca: influencias recíprocas y la construcción de una estética vanguardista», en Antonio Monegal y José María Micó (eds.), *Federico García Lorca i Catalunya* (Barcelona: Institut Universitari de Cultura, Universitat Pompeu Fabra/Área de Cultura, Diputació de Barcelona, 2000), pp. 93-110.

ANDERSON, Andrew A. «García Lorca's *Poemas en prosa* and *Poeta en Nueva York:* Dalí, Gasch, Surrealism and the Avant-Garde», en Robert Havard (ed.), *A Companion to Spanish Surrealism* (Londres: Tamesis, 2004), pp. 163-182.

ANDERSON, Andrew A. «"Corazón *bleu* y *coeur* azul": Dalí y Lorca en diálogo», *Scriptura,* n.º 18 (2005) (número dedicado a Salvador Dalí), pp. 13-24.

ANDERSON, Andrew A. «Lorca en 1928», en Luis Muñoz (ed.), *«gallo.» Interior de una revista. 1928,* catálogo de la exposición (Madrid: Sociedad Estatal de Conmemoraciones Culturales/Patronato de la Alhambra y el Generalife, 2008), pp. 102-127.

ANDERSON, Andrew A. *Lorca's Poetic Practice from «Poemas en prosa» to «Poeta en Nueva York». Ten Essays* (Newark: Juan de la Cuesta, 2021).

ANDERSON, Andrew A. «Reflexiones sobre la edición de obras lorquianas sin publicar o sin acabar: los casos de *Suites, Poemas en prosa, Poeta en Nueva York, Sonetos, El público, La casa de Bernarda Alba* y *El sueño de la vida*», en Melissa Dinverno (ed.), *Lorca y el archivo: diálogos con el porvenir* (Madrid/Fráncfort: Iberoamericana/Vervuert, 2024), pp. 213-247.

ANDERSON, Andrew A. «Hiato vital: la actividad de García Lorca durante la primera mitad de 1929», *Nueva Revista de Filología Hispánica,* LXXII, n.º 2 (2024), pp. 741-769.

BALCELLS, José María. «Perspectivas hagiográficas en García Lorca: "Santa Lucía y san Lázaro"», *Contextos,* n.ºˢ 31-32 (1998), pp. 189-212.

BASSO, Eleonora. «Un tema de fin de siglo en García Lorca: la degollación del Bautista», en María Payeras Grau y Luis Miguel Fernández Ripoll (eds.), *Fin(es) de siglo y Modernismo,* (Palma de Mallorca: Universidad de las Islas Baleares, 1996), vol. 2, pp. 643-651.

BENEGAS, Noni. «De Lorca a Foix. "Nadadora sumergida"», *Quimera,* n.ºˢ 54-55 (s. f.), pp. 78-81.

BRUMM, Anne-Marie. «Lorca's "Santa Lucía y san Lázaro": Precursor to *Poet in New York*», *Notes on Contemporary Literature,* XII, n.º 5 (1982), pp. 10-12.

Caws, Mary Ann, y Hermine Riffaterre (eds.). *The Prose Poem in France* (Nueva York: Columbia University Press, 1983).

Comincioli, Jacques. *Federico García Lorca. Textes inédits et documents critiques* (Lausana: Rencontre, 1970).

Dalí, Ana María. *Salvador Dalí visto por su hermana,* traducción de María Luz Morales y Ramón Oliva (Barcelona: Parsifal Ediciones, 1993).

Dalí, Salvador. *Lletres i ninots. Fons Dalí del Museu Abelló,* ed. Joan M. Minguet Batllori (Mollet del Vallès: Fundació Municipal Joan Abelló, 2001).

De Paepe, Christian (ed.). *Catálogo general de los fondos documentales de la Fundación Federico García Lorca,* vol. iii: *Manuscritos de la obra en prosa,* con la colaboración de Rosa María Illán de Haro y Sonia González García (Madrid: Ministerio de Cultura, Dirección General de Cooperación Cultural/Fundación Federico García Lorca, 1995).

Díaz-Plaja, Guillermo. *El poema en prosa en España* (Barcelona: Gustavo Gili, 1956).

Fillière, Carole. «Les poèmes en prose de Federico García Lorca: création d'une disparition», *HispanismeS. Revue de la Société des Hispanistes Français,* xiv (2019), pp. 1-20.

García Lorca, Federico. *Conferencias,* ed. Christopher Maurer, 2 vols. (Madrid: Alianza, 1984).

García Lorca, Federico. *Oda y burla de Sesostris y Sardanápalo,* ed. Miguel García-Posada (Ferrol: Sociedad de Cultura Valle-Inclán, 1985).

García Lorca, Federico. *Diván del Tamarit. Seis poemas galegos. Llanto por Ignacio Sánchez Mejías. Poemas sueltos,* ed. Andrew A. Anderson (Madrid: Espasa Calpe, 1988).

García Lorca, Federico. *Santa Lucía y san Lázaro,* ed. Julio Huélamo Kosma (Málaga: Centro Cultural de la Generación del 27, 1989).

GARCÍA LORCA, Federico. *Manuscritos neoyorkinos. «Poeta en Nueva York» y otras hojas y poemas,* ed. Mario Hernández (Madrid: Tabapress/Fundación Federico García Lorca, 1990).

GARCÍA LORCA, Federico. *Méditations sur la défunte mère de Charlot,* edición bilingüe, traducción al francés y prefacio de Claude Couffon, ilustraciones de Rafael Alberti (Roubaix: Éditions Brandes, 1990).

GARCÍA LORCA, Federico. *The Poetical Works of Federico García Lorca,* vol. II: *Collected Poems,* edición bilingüe, introducción y notas de Christopher Maurer (Nueva York: Farrar, Straus and Giroux, 1991).

GARCÍA LORCA, Federico. *Viaje a la luna,* ed. Antonio Monegal (Valencia: Pre-Textos, 1994).

GARCÍA LORCA, Federico. *Epistolario completo,* ed. Christopher Maurer y Andrew A. Anderson (Madrid: Cátedra, 1997).

GARCÍA LORCA, Federico. *El público. El sueño de la vida,* ed. Antonio Monegal (Madrid: Alianza, 2000).

GARCÍA LORCA, Federico. *Pez, astro y gafas. Prosa narrativa breve,* ed. Encarna Alonso Valero (Palencia: Menoscuarto, 2007).

GARCÍA LORCA, Federico. *Poeta en Nueva York,* ed. Andrew A. Anderson (Barcelona: Galaxia Gutenberg/Círculo de Lectores, 2013).

GARCÍA LORCA, Federico. *Poemas en prosa,* ed. y prólogo de Encarna Alonso Valero, con cronobiografía de Andrés Soria Olmedo (Nueva York: Digitalia, 2013).

GARCÍA LORCA, Federico. *Poemas en prosa* (s. l.: Ya lo dijo Casimiro Parker, 2024).

GIBSON, Ian. *Federico García Lorca, vol. I: De Fuente Vaqueros a Nueva York (1898-1929)* (Barcelona: Grijalbo, 1985).

GONZÁLEZ, Yara. «Los ojos de Lorca a través de "Santa Lucía y san Lázaro"», *Hispanic Review,* XL (1972), pp. 145-161.

HERNÁNDEZ, Mario. «García Lorca y Salvador Dalí: del ruiseñor lírico a los burros podridos (Poética y epistolario)», en Laura Dolfi (ed.), *L'«imposible/posible» di Federico García Lorca,* (Nápoles: Edizioni Scientifiche Italiane, 1989), pp. 267-319.

HERNÁNDEZ, Mario. *Libro de los dibujos de Federico García Lorca* (Madrid: Tabapress/Fundación Federico García Lorca, 1990).

HERRERA CEPERO, Daniel. «1925-1929: la gran ciudad en la probeta pre-neoyorquina de Lorca», *Poéticas. Revista de Estudios Literarios,* n.º 5 (2017), pp. 17-41.

HIGGINBOTHAM, Virginia. «Lorca's Apprenticeship in Surrealism», *The Romanic Review,* LXI, n.º 2 (1970), pp. 109-122.

HUBERT, Renée Riese. «Characteristics of an Undefinable Genre: The Surrealist Prose Poem», *Symposium,* XXII (1968), pp. 25-34.

HUÉLAMO KOSMA, Julio. «Los *Poemas en prosa:* Lorca ante la encrucijada», en Andrés Soria Olmedo, María José Sánchez Montes y Juan Varo Zafra (eds.), *Federico García Lorca, clásico moderno (1898-1998)* (Granada: Diputación de Granada, 2000), pp. 110-134.

HUIDOBRO, Vicente. *Poética y estética creacionistas,* ed. Vicente Quirarte (México D. F.: UNAM, 1994).

IBARRA, René. «La frontera entre *Romancero gitano* y *Poeta en Nueva York:* crisis o fractura. Los poemas en prosa de Federico García Lorca», *Hipertexto,* n.º 1 (invierno de 2005), pp. 11-19.

LEÓN FELIPE, Benigno. «La poesía en prosa en Lorca», *Espéculo. Revista de Estudios Literarios,* n.º 14 (2000), s. p.

LLERA RUIZ, José Antonio. «La perdiz de Federico García Lorca», *Cuadernos Hispanoamericanos,* n.ᵒˢ 781-782 (2015), pp. 159-173.

MASSOT, JOSEP. «Lee íntegramente las cartas desconocidas de Dalí. Las misivas se reproducen tal cual fueron escritas en el original», *El País,* 25 de agosto de 2018.

MAURER, Christopher. «De la correspondencia de García Lorca; datos inéditos sobre la transmisión de su obra», *Boletín de la Fundación Federico García Lorca,* I, n.º 1 (enero de 1987), pp. 58-85.

MAURER, Christopher. «Millonario de lágrimas». *El País,* 3 de diciembre de 1989, p. 15.

McINNIS, Judy B. «José Ortega y Gasset and Federico García Lorca», en Nora de Marval-McNair (ed.), *José Ortega y Gasset. Proceedings of the «Espectador universal» International Interdisciplinary Conference* (Westport, CT: Greenwood Press, 1987), pp. 143-149.

McMULLAN, Terence. «Federico García Lorca's "Santa Lucía y san Lázaro" and the Aesthetics of Transition», *Bulletin of Hispanic Studies,* LXVII (1990), pp. 1-20.

MINGUET BATLLORI, Joan M. *El manifiesto amarillo. Dalí, Gasch, Montanyà y el artiarte* (Barcelona: Generalitat de Catalunya-Departament de Cultura/Galaxia Gutenberg-Círculo de Lectores/ Fundació Joan Miró, 2004).

MONEGAL, Antonio. «Bajo el signo de la sangre (algunos poemas en prosa de García Lorca)», *Bazar. Revista de Literatura*, n.º 4 (otoño de 1997), número especial «La narrativa del 27 y de la vanguardia», ed. José Manuel del Pino, pp. 58-69.

PAO, María T. *«Any Other Path»: Spain, Surrealism and Texts Less Considered,* tesis doctoral inédita (Ann Arbor, Míchigan: Universidad de Míchigan, 1995).

PLAZA CHILLÓN, José Luis. «Degollaciones, decapitaciones, amputaciones… La poética de la violencia en los dibujos de Federico García Lorca», en María de los Reyes Hernández Socorro *et al.* (eds.), *La multiculturalidad en las artes y en la arquitectura* (Las Palmas de Gran Canaria: Anroart, 2006), pp. 831-842.

PLUNKETT, Tara. «"Invitación al coágulo de sangre": The Aesthetics of *Santa objetividad* in Dalí's "San Sebastián" (1927) and García Lorca's *Poemas en prosa* (1927-1928)», *Bulletin of Spanish Studies,* XCIX, n.º 2 (2022), pp. 239-266.

Rafael Barradas y Juan Gutiérrez Gili (1916-1929) (Madrid: Residencia de Estudiantes, 1996).

RODRIGO, Antonina. *Lorca-Dalí, una amistad traicionada* (Barcelona: Planeta, 1981).

Rodrigo, Antonina. *García Lorca el amigo de Cataluña* (Barcelona: Edhasa, 1984).

Sabugo Abril, Amancio. «Un Lorca casi inédito y festivo (del gallo admirable a la gallina idiota)», *Ínsula,* n.º 479 (1986), p. 13.

Sánchez Vidal, Agustín. *Buñuel, Lorca, Dalí. El enigma sin fin* (Barcelona: Planeta, 1988).

Sanmartín Bastida, Rebeca. «De Dalí a Lorca: el poema en prosa surrealista», *Forma Breve,* n.º 2 (2004), pp. 81-103.

Santos Torroella, Rafael. *La miel es más dulce que la sangre. Las épocas lorquiana y freudiana de Salvador Dalí* (Barcelona: Seix Barral, 1984).

Rodrigo, Antonina (ed.). *Salvador Dalí escribe a Federico García Lorca (1925-1936),* número especial de Poesía, n.ºˢ 27-28 (1987).

Rodrigo, Antonina. *«Los putrefactos» de Dalí y Lorca. Historia y antología de un libro que no pudo ser* (Madrid: CSIC/Asociación Amigos de la Residencia de Estudiantes, 1995).

Soria Ortega, Andrés. «La prosa de los poetas (apuntes sobre la prosa lorquiana)», en *De Lope a Lorca y otros ensayos* (Granada: Universidad de Granada, 1980), pp. 277-281.

Utrera Macías, Rafael. «Comentario a "Muerte de la madre de Charlot" de Federico García Lorca», *Nickel Odeon. Revista Trimestral de Cine,* n.º 24 (2001), pp. 92-95.

Utrera Torremocha, María Victoria. *Teoría del poema en prosa* (Sevilla: Universidad de Sevilla, 1999).

Virtanen, Ricardo. «El poema en prosa de Federico García Lorca: principios y finales de una poética», en *Voces y versos. Nuevas perspectivas sobre la generación del 27,* ed. Gilles Del Vecchio y Nuria Rodríguez Lázaro (Nueva York: IDEA, 2021), pp. 173-185.

Vives, Anna. *Identidad en tiempos de vanguardia: narcisismo, genio y violencia en la obra de Salvador Dalí y Federico García Lorca* (Berna: Peter Lang, 2015).